60 BEAUTIFUL ISLANDS AND THE BEST PLACES IN OKINAWA

秘密の沖縄スポットガイド

写真・著　北島清隆

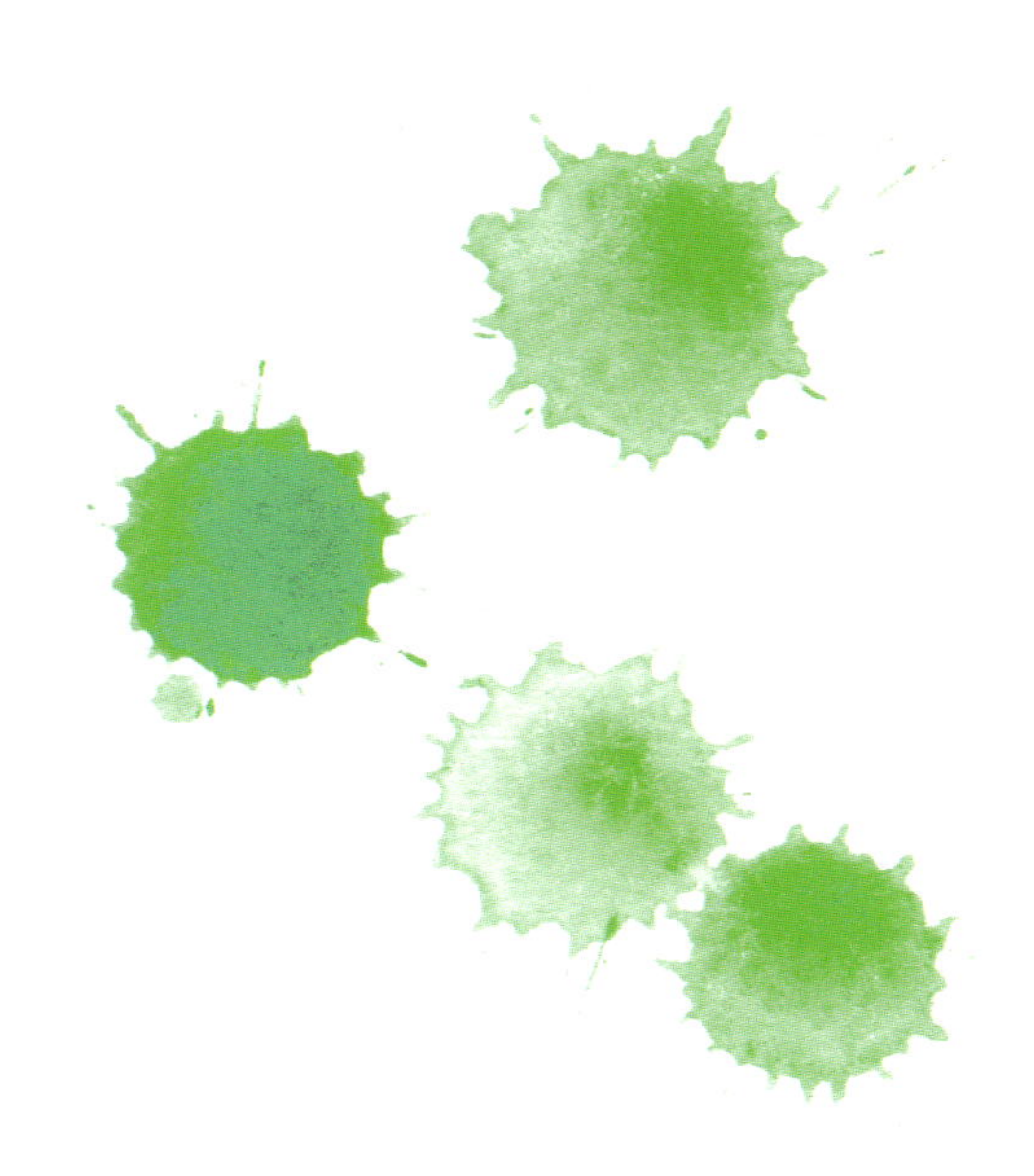

X-Knowledge

沖縄全図

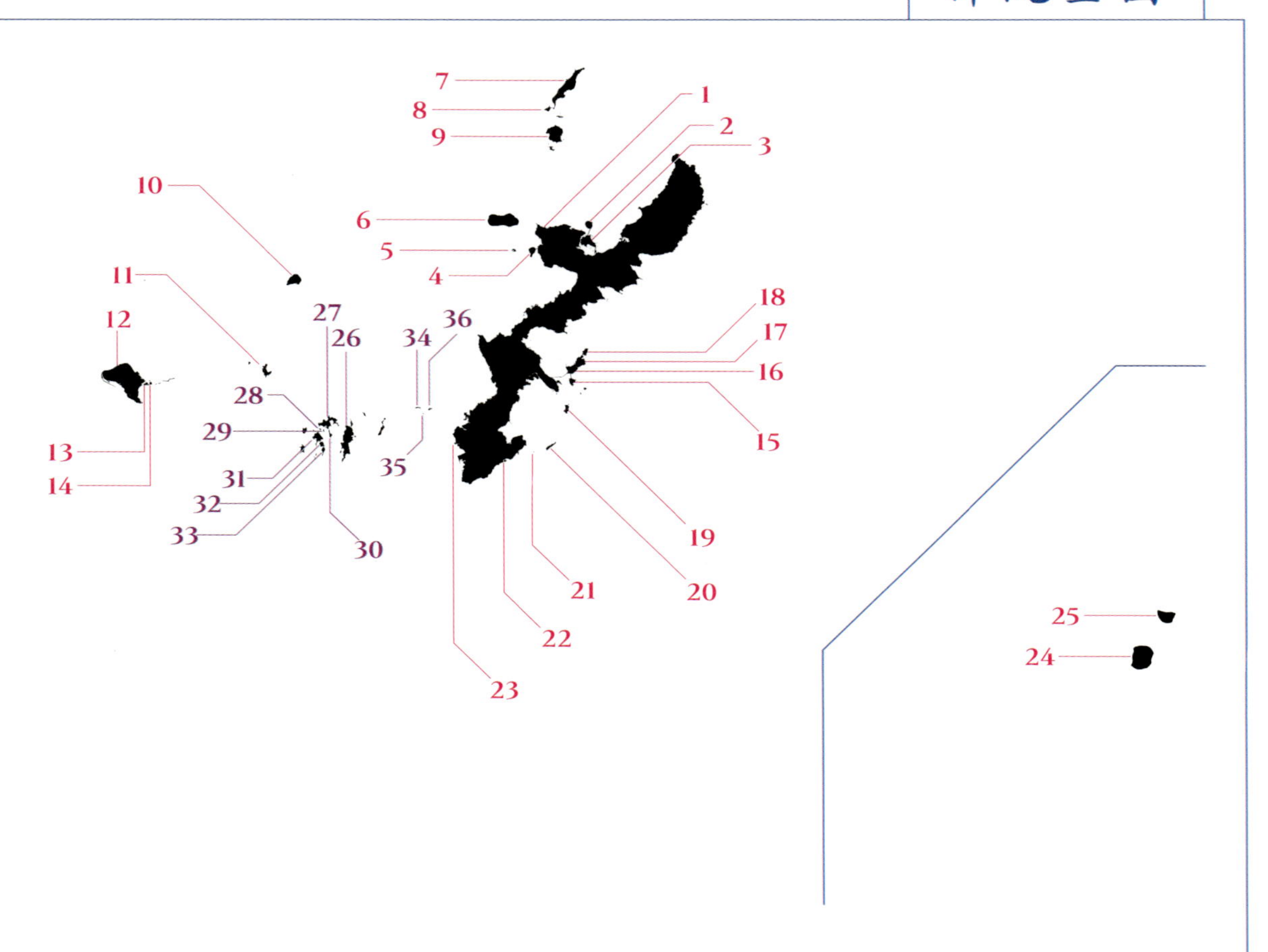

本島と周りの島々

1 沖縄本島
2 古宇利島
3 屋我地島
4 瀬底島
5 水納島（本島）
6 伊江島
7 伊平屋島
8 野甫島
9 伊是名島
10 粟国島
11 渡名喜島
12 久米島
13 奥武島（久米島）
14 オーハ島
15 浜比嘉島
16 平安座島
17 宮城島
18 伊計島
19 津堅島
20 久高島
21 コマカ島
22 奥武島（本島南部）
23 瀬長島
24 南大東島
25 北大東島

慶良間諸島の島々

26 渡嘉敷島
27 座間味島
28 嘉比島
29 安慶名敷島
30 安室島

Okinawa Islands Map

okinawa data

address 沖縄県

area 約2281㎢

population 約144万3120人

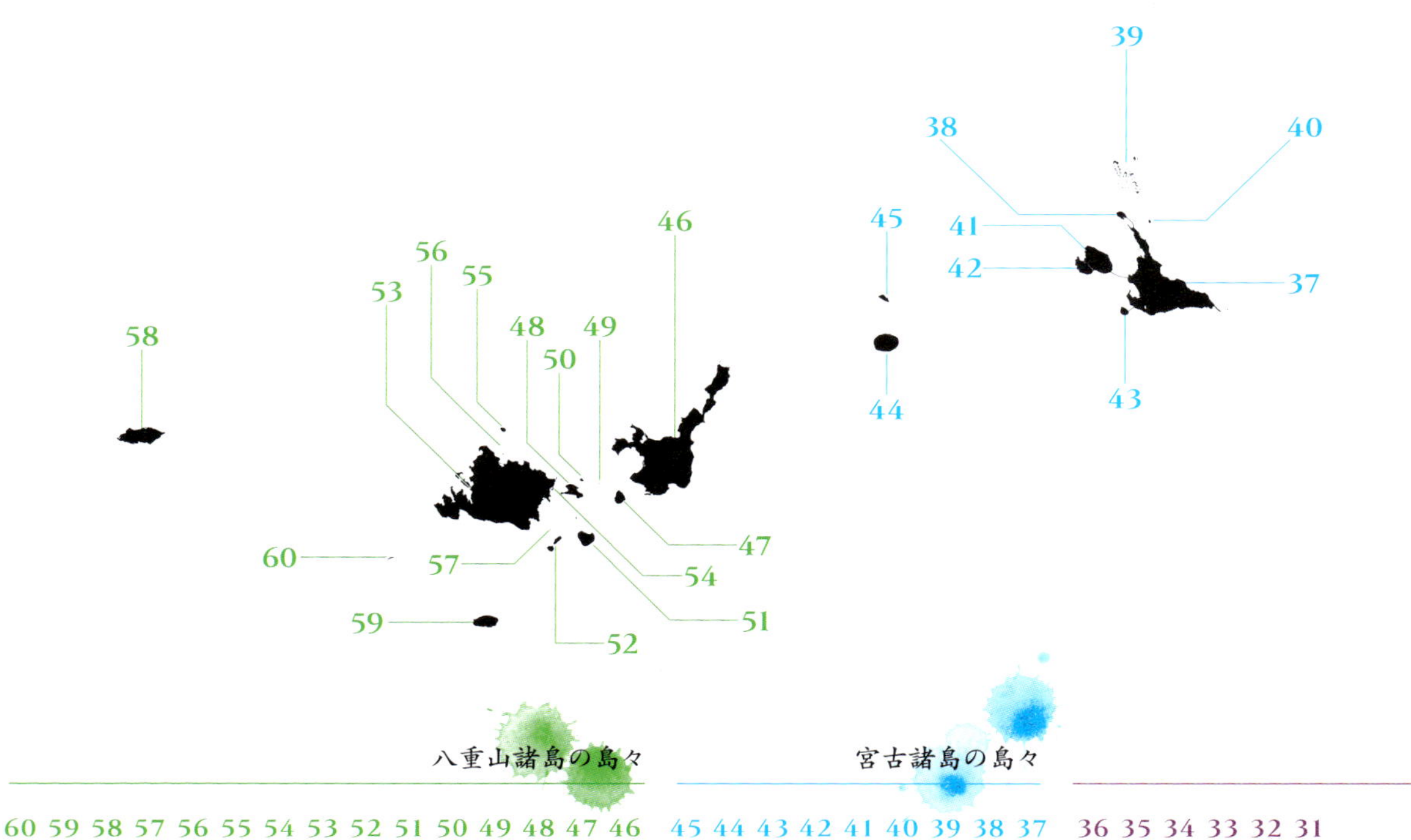

31 阿嘉島
32 慶留間島
33 外地島
34 ナガンヌ島
35 クエフ島
36 神山島

宮古諸島の島々

37 宮古島
38 池間島
39 八重干瀬
40 大神島
41 伊良部島
42 下地島（宮古）
43 来間島
44 多良間島
45 水納島（宮古）

八重山諸島の島々

46 石垣島
47 竹富島
48 小浜島
49 浜島
50 嘉弥真島
51 黒島
52 新城島
53 西表島
54 由布島
55 鳩間島
56 バラス島
57 コバラス島
58 与那国島
59 波照間島
60 仲の神島

目次

写真協力 アマナイメージズ／地図制作 ジェオ／DTP 天龍社

CONTENTS

本文中の trip memo と island data は、2016年6月現在に公開されている情報によります。
また、access に記載している所要時間は、季節や運行状況などによって変わる場合があります。

街を離れ、南へ
沖縄
そこは、まっ青な海に
たくさんの島々が点在する
楽園

大神島　空撮

明るい光、心地よい風、波の音
パウダーのような砂浜が素足にやさしい
少しずつ、島時間が流れ始める

宮古島　与那覇前浜

座間味島

海に潜る
サンゴ礁に、魚が群れ
ウミガメの子が懸命に泳ぐ
波に身を任せ
そっと近づいてみる

巨大なマンタが悠然と泳ぐ
絨毯（じゅうたん）を広げたほどの大きさだ
海は彼らの日常の場所
マンタの群れは、人の存在を気にもとめず
いつもの営みを続ける

どこからともなく聞こえる島唄
たゆたうようなリズム
哀愁をおびた、その旋律
おじいが三線（さんしん）を弾き、唄いながら
水牛車で海を渡っている

由布島

二星

およそ500年も前から
大切に守り伝えられてきた祭りがある
豊作に感謝し、五穀豊穣と人々の平安を祈る
自然のリズムのなかで
人々は、祈りに満ちた営みを続ける

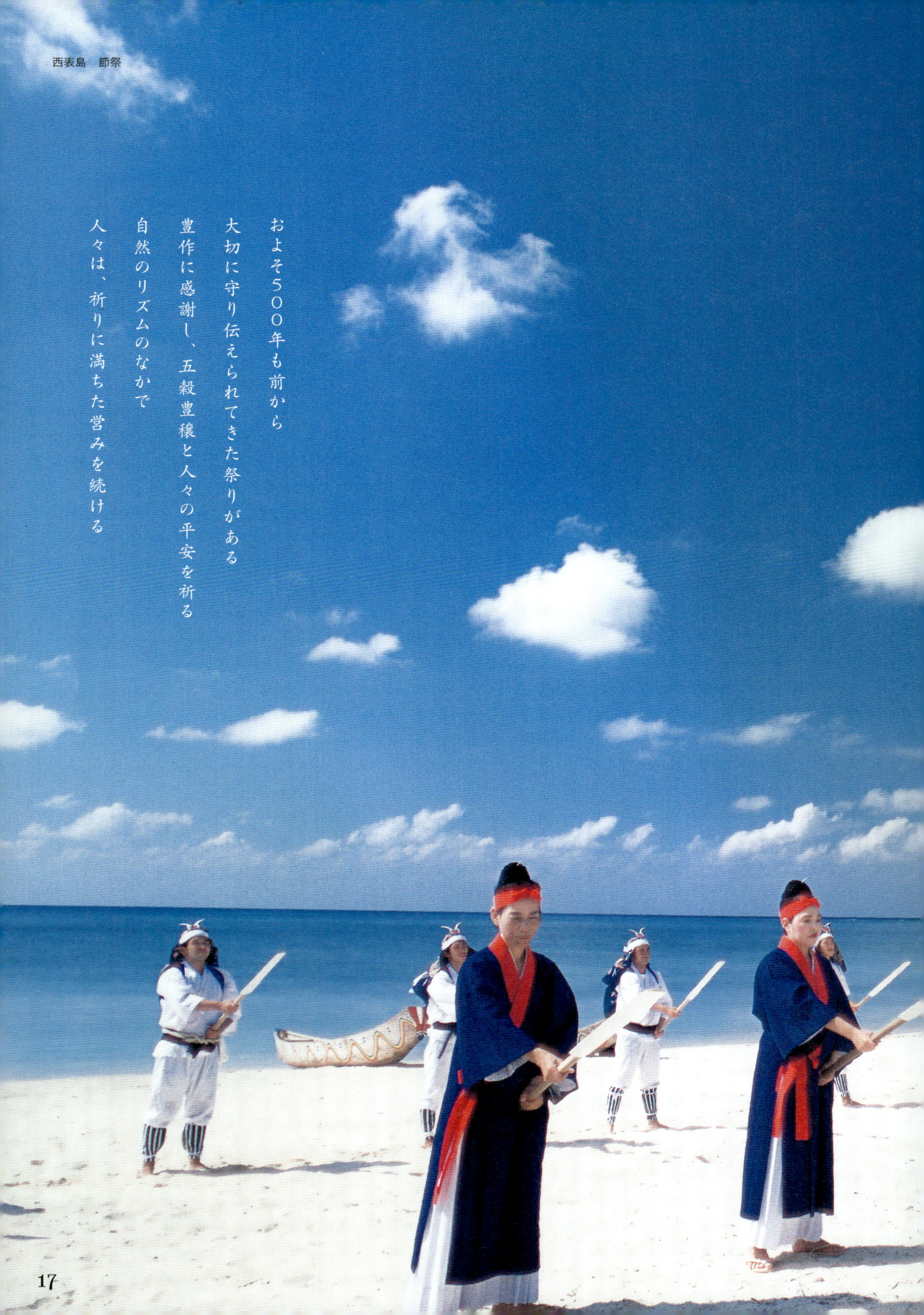

モーターパラグライダーで飛ぶ
どこまでも続く白い砂浜
それは
世界に誇れる絶景

久米島　はての浜

西表島

海を離れて森へ
川をまたいで太いつるがのびる
滝の音が心地よい

夜に咲き
明け方には散ってしまう花
サガリバナが夜明けの森で
甘い香りをただよわせている

西表島

北の海から長旅をしてきた
クジラに会う
この海で、恋をして交わり
子育てをするためにやってきたのだ

小浜島

日が沈んだあとのマジックアワー
水面は静もり、鏡のように
夕色の空とマングローブを映す

満天の星の下で
島の夜がふけてゆく
天の川は、私たちのすむ
銀河の中心だという

新城島から。地上の光は、左は波照間島、中央は西表島、右は石垣島

本島と周りの島々

本島には、日本で一番早く咲く愛らしいサクラや
知られざるパワースポット、
いくつもの聖地や世界遺産にもなった城跡など
魅力的な場所がたくさんがある。
そして、本島の周りには、大小の島々が点在している。
橋がかけられている島も多いので
ドライブがてら足をのばしてほしい。
最東端の南北大東島は、とてもダイナミックな島だ。
ぜひたずねてほしい。

「いちばん桜」で春を先取りしよう

本島で自然を楽しむなら、北部がおもしろい。カンヒザクラは、本土がまだ冬まっただなかの1月下旬から咲き始める。春一番に咲くので「いちばん桜」ともよばれる。うつむきがちに咲く姿が愛らしく、濃淡のある桜色が沖縄の空の色によく似合う。

本部半島、フクギ並木で有名な備瀬のワルミバンタは、神が舞い降りた場所といわれている。「ワルミ」は「割れ」、「バンタ」は「崖」の意味で、まさに切り立った崖の割れ目だ。神聖な場所なので、静かにおとずれたい。

世界遺産もある。今帰仁城跡は、14世紀、北部やんばるの地を治めた北山の城だったが、15世紀に中部の中山軍によって滅ぼされてしまう。その後は、神をまつる聖地、御嶽

Main island of Okinawa

備瀬のワルミ

今帰仁城跡

伝統を色濃く残すエイサー
(本島南部 与勝半島 平敷屋)

カンヒザクラ。今帰仁城跡にて

trip memo

access 札幌・東京・名古屋・大阪・福岡・鹿児島などから飛行機
または、大阪・神戸・鹿児島から船
那覇市街から本部半島へは車で約90分

stay ホテル・旅館・ペンション・民宿・ゲストハウス

season 周年。カンヒザクラは1月下旬～2月下旬

island data

address **沖縄県** 那覇市を含む26の市町村

area 約1207㎢

population 約131万1940人

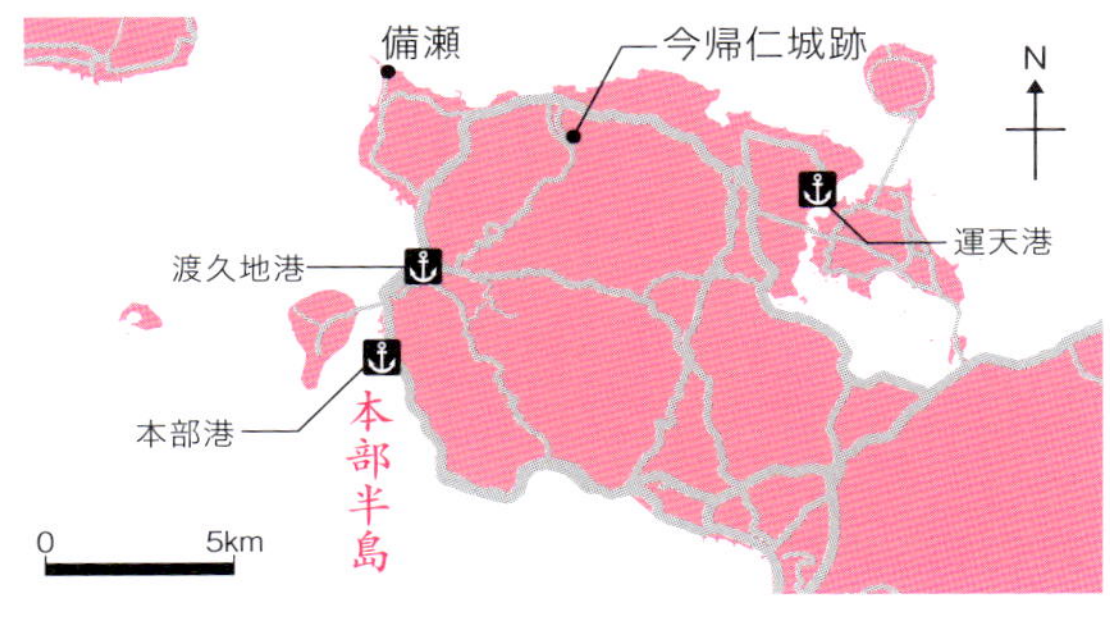

として精神的なよりどころとなった。堅牢な城壁に囲まれた城跡からの望む青い空は、その時代から何も変わっていない。

自然とともに、祭りも、沖縄の人々にとって大切なものだ。本島では旧盆の夜に、各地でエイサーが行われる。唄や踊り、三線や太鼓。魂の込もった迫力のあるリズムと一糸乱れぬ動きに、心が震える。

古宇利大橋

屋我地大橋から見える小島

屋我地島。サトウキビ畑が広がる

古宇利島の語源は「恋の島」

本島北部の本部半島から古宇利島へ向かう。まず屋我地大橋を渡り、屋我地島に入る。古宇利島が人気なので、通過してしまいがちだが、マングローブがあり、干潟が美しく、島の中はサトウキビ畑に囲まれ、のんびりと落ち着く島だ。そして、古宇利大橋を渡って古宇利島へ。

昔、この島に、天から幼い少年と少女が一糸まとわぬ姿で舞い降りたという。ふたりは毎日、天から降る餅を食べて暮らしていた。ところが、少し知恵がつき、ある日、「餅が降らなくなったら」と不安になる。するともう、その日から餅は降ってこなくなり、ふたりは海に出て漁をするようになる。

海で暮らすうち、ジュゴンが交わる姿を見て羞恥心が生ま

Kouri Island

trip memo

access　本島本部半島から古宇利大橋を渡る
那覇市街から車で約80分

stay　ペンション・民宿・ゲストハウス。本島から日帰りも可

season　周年

island data　address/area/population

古宇利島　沖縄県 国頭郡 今帰仁村／約3㎢／約370人
屋我地島　沖縄県 名護市／約8㎢／データなし

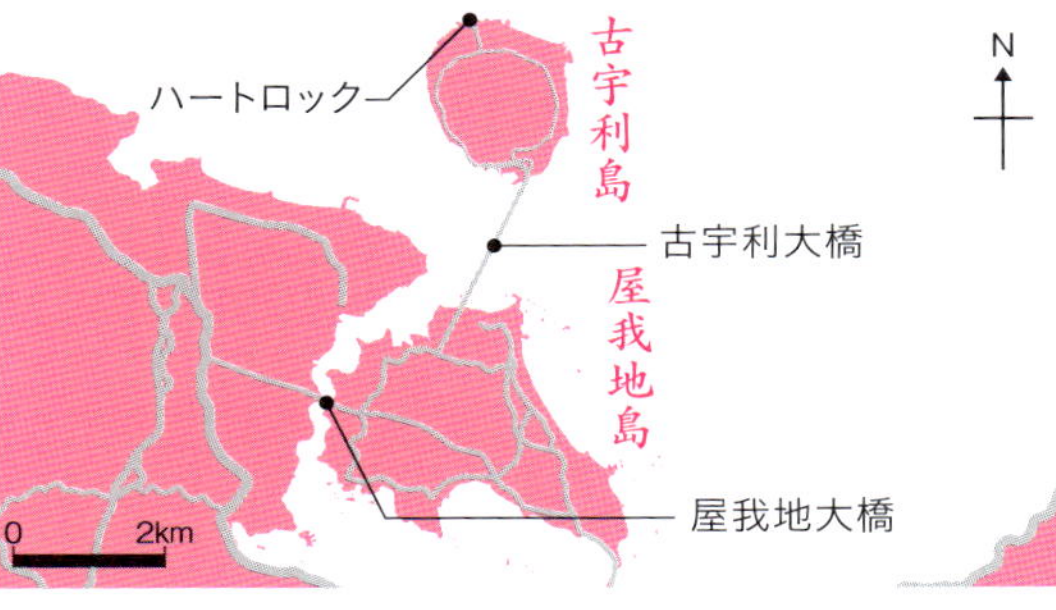

れ、恥部をクバ（ビロウ）の葉で隠すようになった。そのふたりが琉球の祖といわれている。

そんなアダムとイブのような伝説の残る島には、ハートの形をした岩が海から顔をのぞかせている。僕はクジラの尾のようだと思っていたが。

島に渡る古宇利大橋からの景色は、まっ青な空がどこまでも広がり、海の色は格別に青く美しい。

離島でマリンスポーツを満喫する

建設途中で工事が中断してしまったリゾートホテルがあるのは残念だが、ビーチに出ると、海が一気に広がり、伊江島と水納島を望むことができる。島の西側にあるビーチなので、午前中は順光で海が明るく美しく、午後は夕景のスポットになる。洞穴がいくつかあり、その雰囲気がとてもいい。

東側の、アンチ浜も人気だ。海水浴やシュノーケリングはもちろん、バナナボートやパラセーリングなどのマリンスポーツも楽しめる。

一方のビーチが荒れていても、もう一方はおだやかなので、天候によって行き先を選ぶのもいい。

SESOKO ISLAND

瀬底ビーチの特徴である桟橋

瀬底ビーチは夕景のスポット

バナナボートも楽しい（アンチ浜）

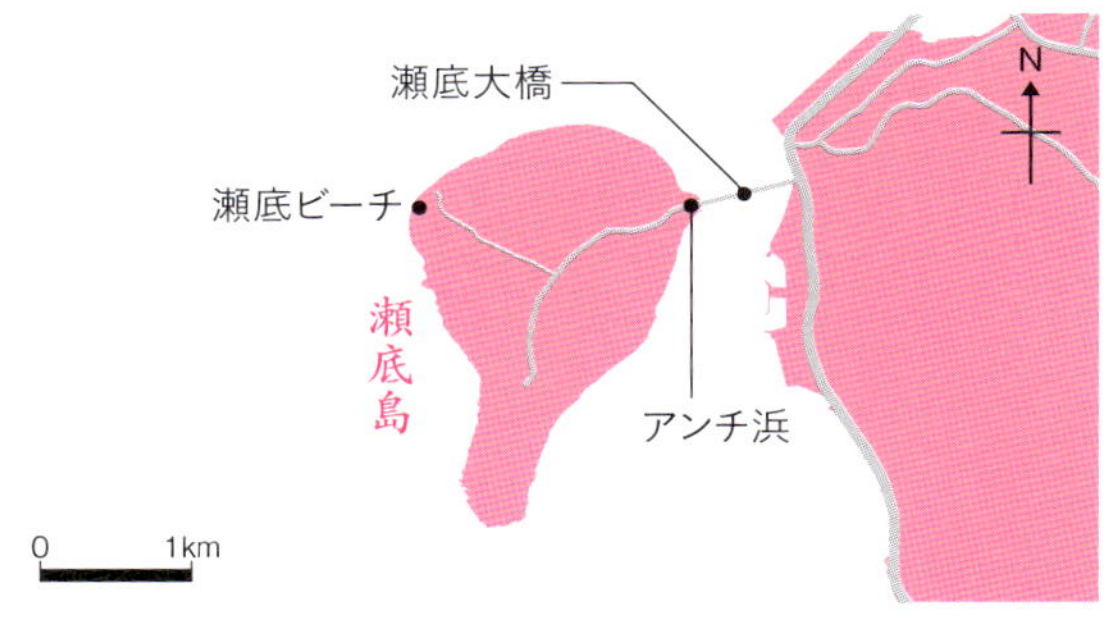

trip memo

access 本島本部半島から瀬底大橋を渡る
那覇市街から車で約120分

stay ペンション・民宿・ゲストハウス。本島から日帰りも可

season 周年

island data

address 沖縄県 国頭郡 本部町

area 約3㎢

population 約820人

Minna Island

水納ビーチから伊江島を望む

水納ビーチのカラフルなパラソル

気軽に島旅気分を味わう

島の形がクロワッサンに似ていることから、「クロワッサンアイランド」とよばれる水納島。本部半島から定期便の高速船で15分と行きやすく、橋を渡って行く離島より島旅気分を味わえる。

カラフルなビーチパラソルが印象的で、若い観光客の人気を集めている。シュノーケリングは、南部のカモメ岩周辺もおすすめ。

日帰りの海水浴でも充分楽しめるが、泊まりで行けばビーチだけでなく島の散歩も楽しめる。島の周囲は約4キロメートルと、散策にはぴったりだ。

水納ビーチなど北部の浜からは、メキシコのとんがり帽子「ソンブレロ」のような形の伊江島が望める。

trip memo

access 本部半島の渡久地港から高速船で15分
stay ペンション・民宿。本島から日帰りも可
season 周年

island data

address 沖縄県 国頭郡 本部町
area 約0.5㎢
population 約40人

伊江島（いえじま）

断崖の下から清水が湧く湧出

本島からの伊江島の夕景

とんがり帽子の山に祈りを込める

ソンブレロのような形の、標高172メートルの山を、島人は「タッチュー」とよぶ。「とがっている」の意味だ。また、「城山（ぐすくやま）」とも。島人は、健康を、航行の安全を、また豊作を祈るとき、しぜんとタッチューに手を合わせる。

湧出（ワジー）は、文字通り水が湧き出す場所。昔から恵みの水として、島人が大切にしてきた。現在は、その水でラム酒やソーダもつくられている。湧出の周辺は、断崖絶壁が連なり、美しい海の色とともに、絶景を楽しむことができる。

伊江島は、島での風景もすばらしいが、本島や水納島からの眺めもいい。季節によっては、本島の西海岸から、ちょうど山に日が沈むダイヤモンドタッチューを見ることができる。

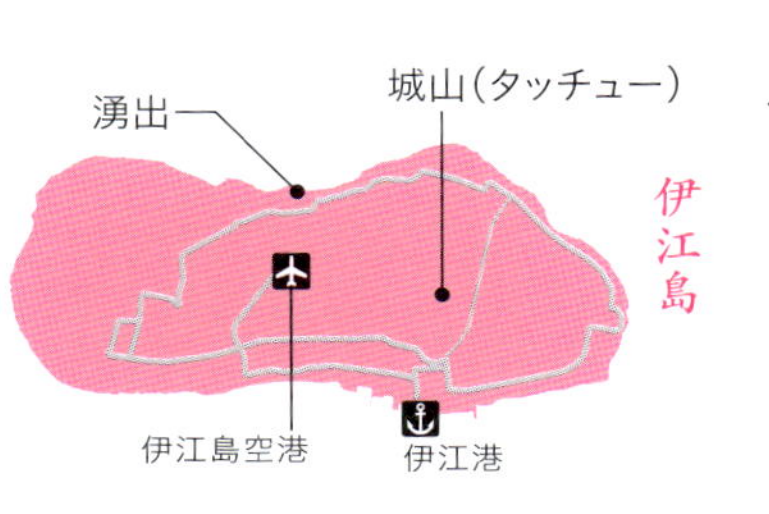

trip memo

- access　本部半島の本部港からフェリーで30分
- stay　ホテル・ペンション・民宿・ゲストハウス
本島から日帰りも可
- season　1月～3月

island data

- address　沖縄県 国頭郡 伊江村
- area　約23㎢
- population　約4720人

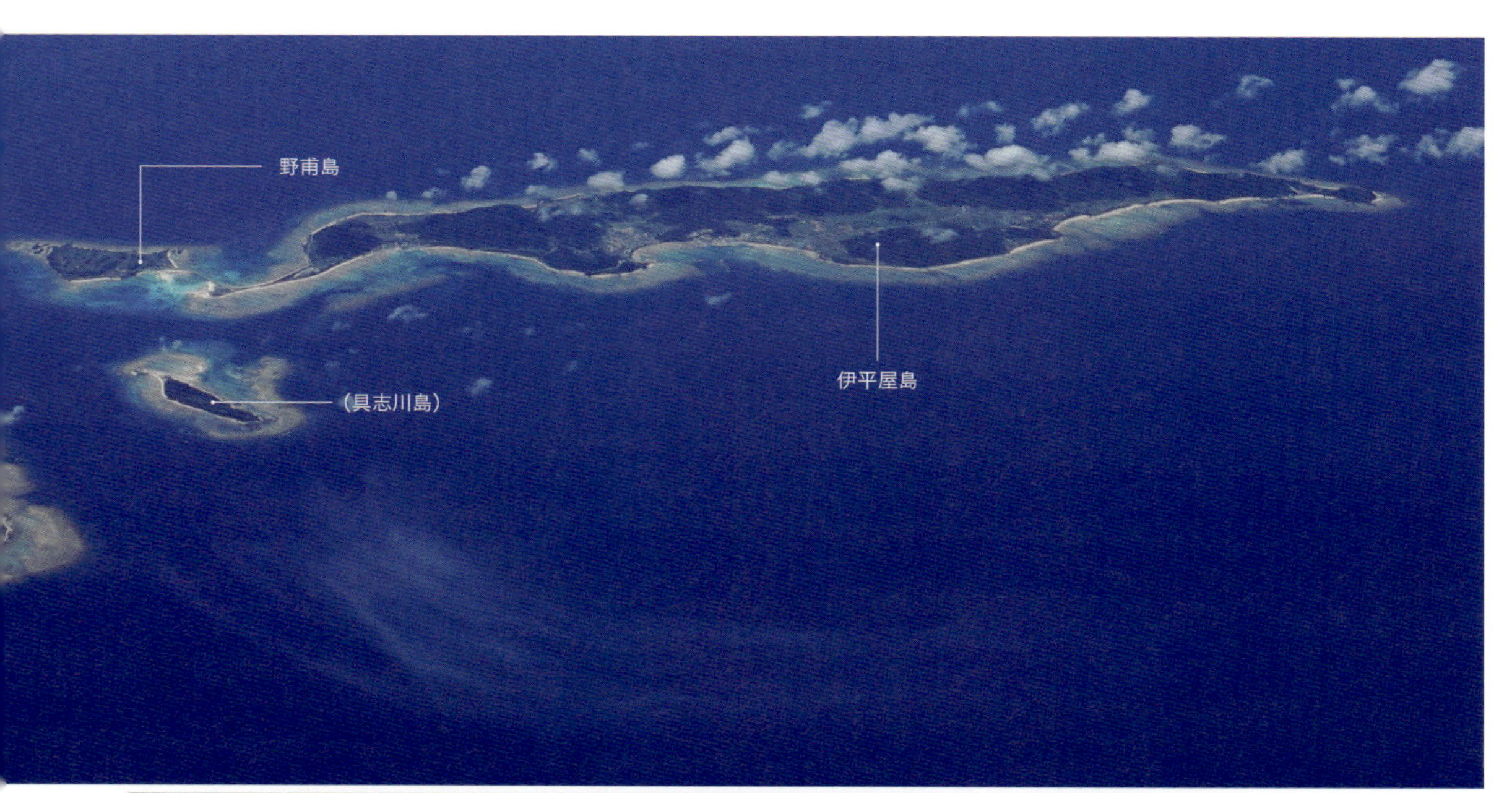

野甫島と伊平屋島の間の浜から伊平屋島を望む。左に野甫大橋が見える

琉球王のふるさと

伊平屋島は沖縄最北の島。日本最南端の有人島である波照間島に、ほかにないほど濃く美しいブルーのニシ浜があり、最北端の伊平屋島と南側にある野甫島の間の海の色もすごいと聞いて、ぜひ行きたかった島だ。伊平屋島から野甫島へ渡る野甫大橋から見た海の色は、ニシ浜に匹敵するくらい美しかったのを覚えている。そして、伊平屋島は、琉球王国最初の王、尚思紹の出身地でもある。由緒ある島なのだ。尚思紹も、この浜で遊んだのだろうか。

野甫島は小さな島。印象的だったのは、昔の民家が売店になっていて、瓦屋根の普通の家に商品がたくさんあり、その雰囲気がとてもよかった。伊是名島は、琉球第二の流れとなる国王、尚円のふるさと。

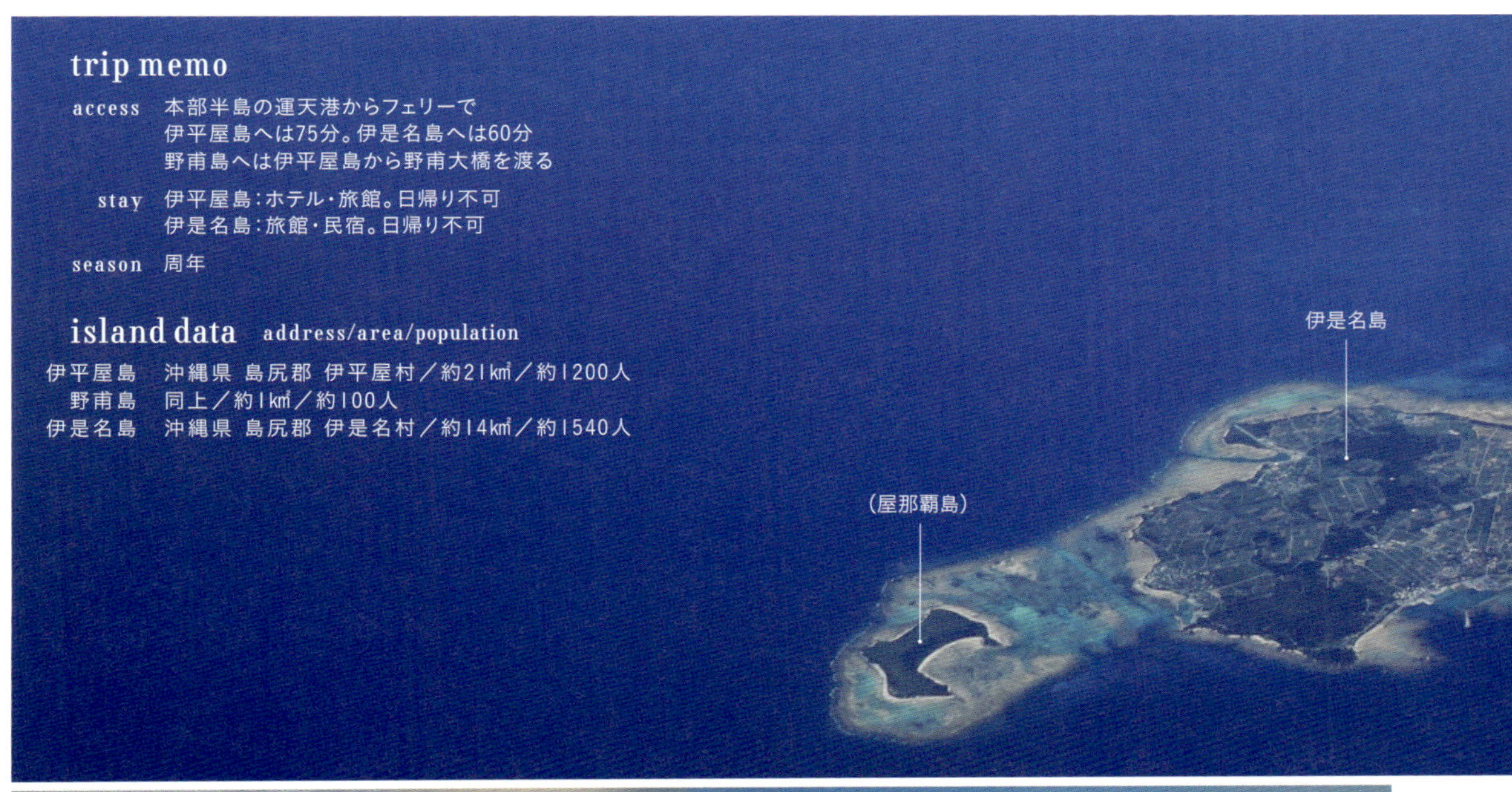

trip memo

access　本部半島の運天港からフェリーで
伊平屋島へは75分。伊是名島へは60分
野甫島へは伊平屋島から野甫大橋を渡る

stay　伊平屋島：ホテル・旅館。日帰り不可
伊是名島：旅館・民宿。日帰り不可

season　周年

island data　address/area/population

伊平屋島　沖縄県 島尻郡 伊平屋村／約21㎢／約1200人
野甫島　同上／約1㎢／約100人
伊是名島　沖縄県 島尻郡 伊是名村／約14㎢／約1540人

海ギタラ

伊平屋島同様、琉球の歴史にとって重要な島だ。ここには海ギタラと陸ギタラという独特な形の岩がある。「ギタラ」とは「切り立った」の意味。このあたりの二見浦海岸は、日本の渚百選にも選ばれている。海ギタラの撮影中、スコールが降り、まっ白い雲の下に美しい虹がかかった。

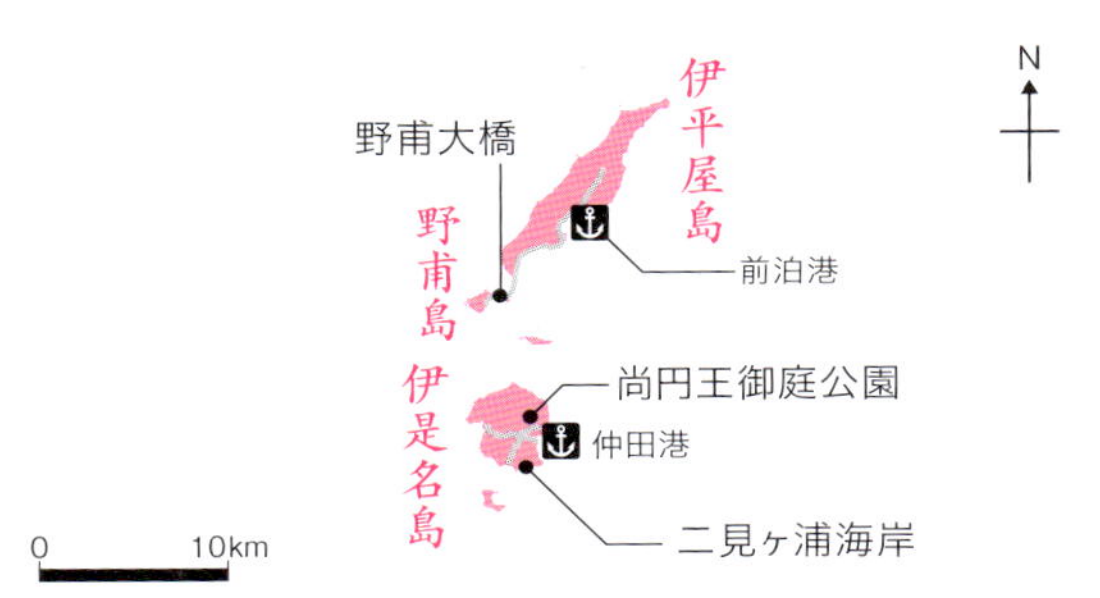

Aguni Island

断崖の草原から沖縄の島々を望む

映画「ナビィの恋」は、故、平良とみ演じるおばぁの恋の物語。粟国島は、そのロケ地になった島だ。「粟国」の名はアワの産地だったことに由来する。

ダイビングではダイナミックな回遊魚の群れを見られる。

最近、海底遺跡らしきものが発見され話題をよんでいる。

バードウォッチングも盛んだ。150種もの鳥が観察され、コバルトブルーが美しいコルリや、胸のオレンジ色が鮮かなミヤマヒタキなども見ることができる。

南西の端にある筆ん崎の断崖の上に広がる草原マハナは、眺望がすばらしく、天気がよければ、東に本島、南に慶良間諸島、南西には渡名喜島、西に久米島が望める。

マハナから海を望む

trip memo

access　那覇空港から小型飛行機で25分
那覇の泊港からフェリーで130分

stay　ホテル・民宿・ゲストハウス。日帰りも可

season　周年

island data

address　沖縄県 島尻郡 粟国村

area　約8㎢

population　約760人

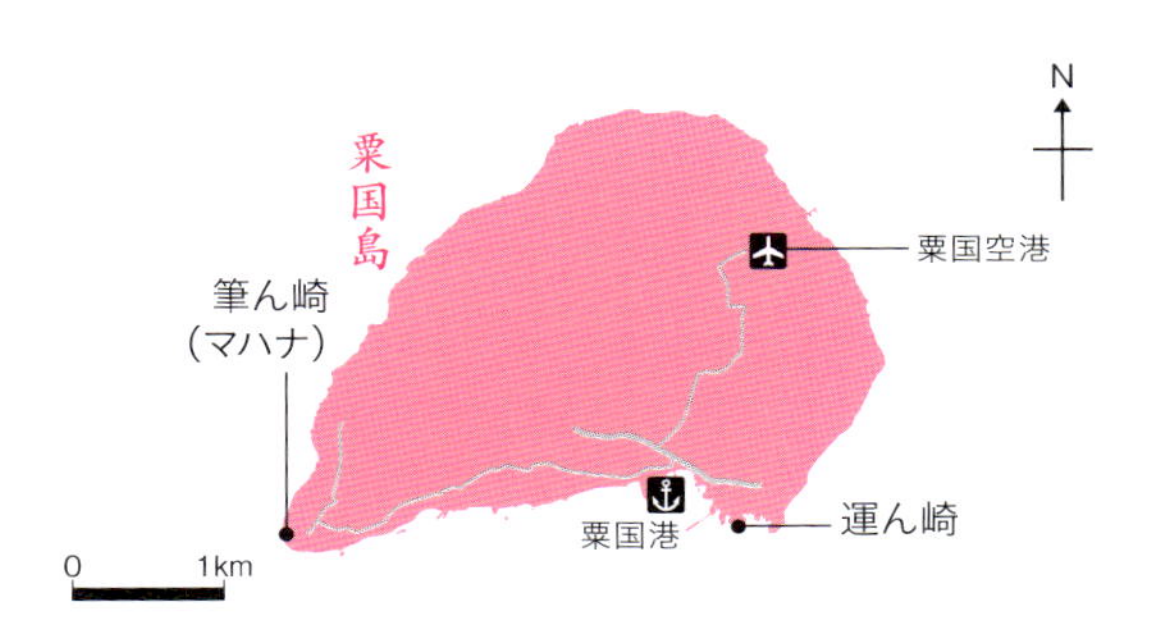

渡名喜島（となきじま）

島人たちが掃き清めた白い道

ジュラシックパークのような切り立った岩山が印象的だ。ほぼ全島と周辺の海が、県立自然公園に指定されている。島の東側に、あがり浜という白砂の美しいビーチがあり、防波堤の上からウミガメが4匹も見えた。山の展望台から見る海の景色も絶景。1月〜3月ごろは、クジラの姿を見られることもある。

家並みもまた美しい。家々は緑のフクギに囲まれ、赤い屋根の家がのぞく。道路は白い砂。フクギは落ち葉など掃除が大変だが、道はいつもきれいに掃き清められている。じつは、島の人々が早朝に掃除をしているのだ。道には島のほうきが備えられている。そんな人々の姿と美しい集落は、重要伝統的建造物群保存地区にも指定された。

TONAKI ISLAND

緑のフクギに囲まれた道に癒やされる

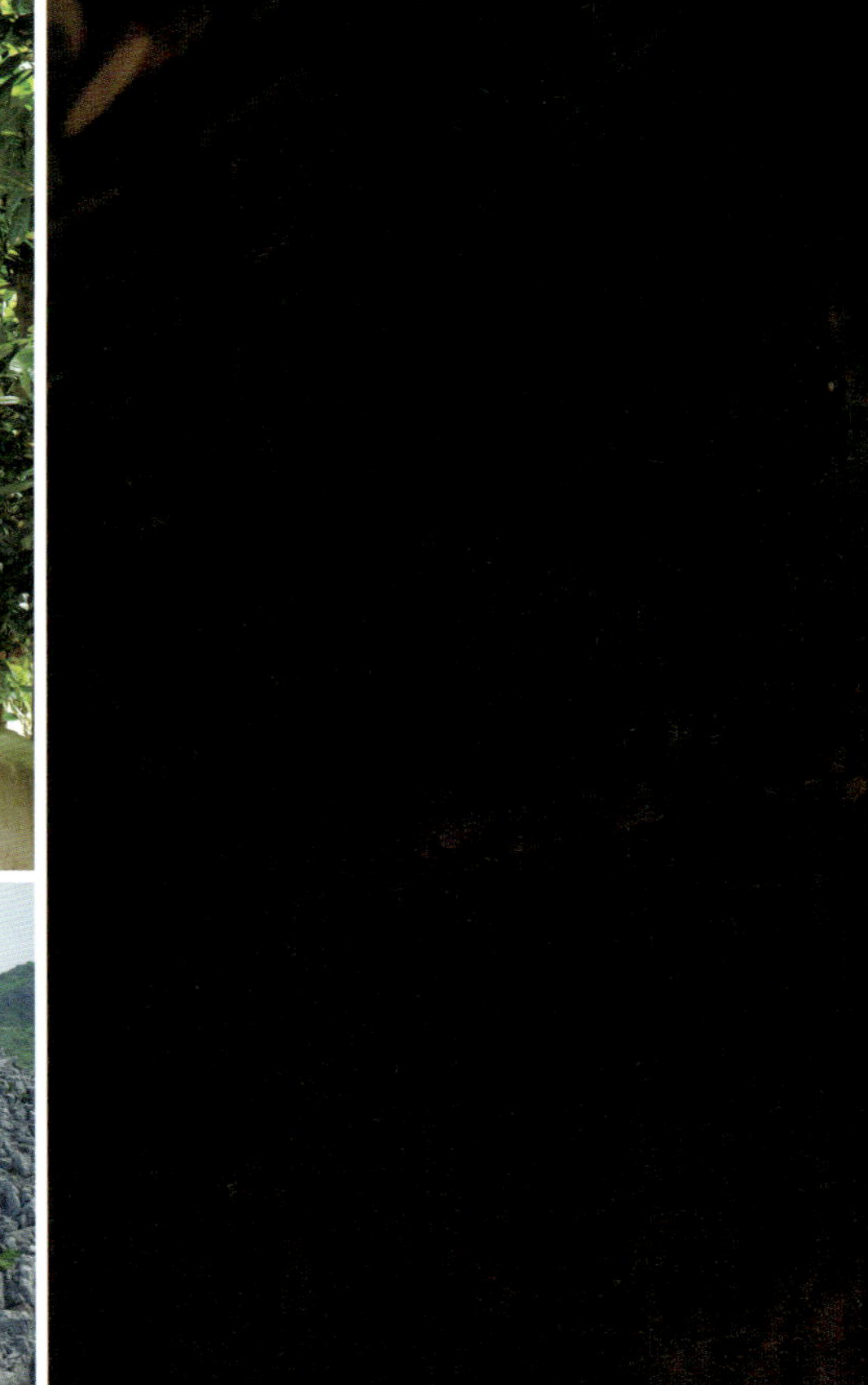
集落の白砂の道は夜ライトアップされる

海から見ると荒々しい風景だ

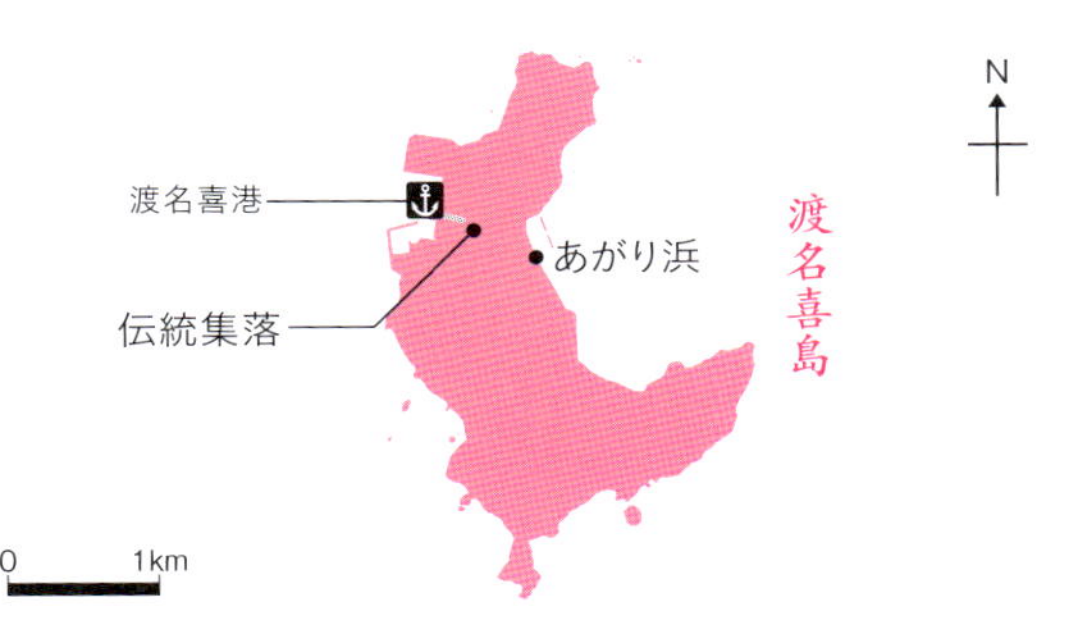

trip memo

access　那覇の泊港からフェリーで105分〜135分
stay　民宿。4〜10月は日帰りも可
season　周年

island data

address　沖縄県 島尻郡 渡名喜村
area　約4㎢
population　約400人

風と波がつくる絶景

久米島でもっとも美しいのははての浜だろう。島の東、奥武島とオーハ島の沖に浮かぶ、長さ約7キロメートルにもなる砂州だ。あまりにも大きすぎて、砂漠ではないけれど、たんなる砂の島でもない。これほど美しく独特な砂州は、世界的にもあまり例がない。左上の写真と18ページの写真は、モーターパラグライダーに、友人にタンデムで乗せてもらって撮影した。はての浜は、潮の満ち干で刻々とその姿を変える。潮の満ち干と天候をにらみ、満を持して飛んでようやく撮れたショットだ。久米島からは、グラスボートなどで行くことができる。朝一番に行くと、風と波が生んだ幻想的な現代アートのような絶景を見ることができる。ぜひたずねてほしい場所だ。

Kume Island

モーターパラグライダーからのはての浜

風と波が生むアート

久米島の東約1.2kmに浮かぶオーハ島

奥武島の畳石は国の天然記念物。カメの甲羅のよう

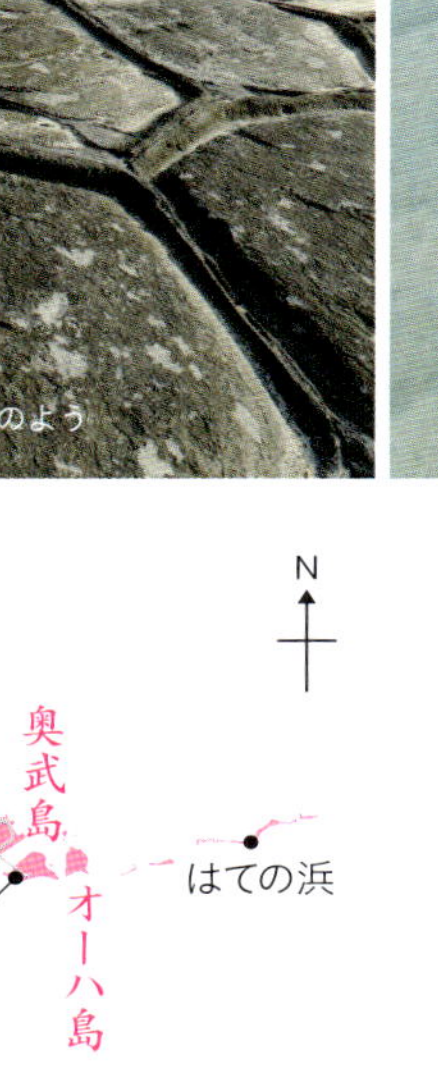

trip memo

access　那覇空港から飛行機で35分
　　　　那覇の泊港からフェリーで170〜240分

stay　ホテル・ペンション・民宿・ゲストハウス。日帰りも可

season　周年

island data　address/area/population

久米島　沖縄県 島尻郡 久米島町／約59㎢／約8240人
奥武島　同上／約0.6㎢／約20人
オーハ島　同上／約0.4㎢／0人

荘厳な奇岩のビーチを歩く

本島東側の与勝半島から、海中道路を通って平安座島に入り、浜比嘉大橋を渡ると、そこは琉球の祖である女神アマミキョと男神シネリキョがすんだといわれている浜比嘉島だ。パワースポットとして有名で、子宝に恵まれるという拝所や、子孫繁栄を願って祈る御嶽などが多い。

兼久ビーチには、ノッチとよばれる大きなきのこ岩がある。満潮時の波が、少しずつ岩を削って、こんな形をつくっている。ノッチを日よけにして、子どもたちが遊んでいた。

浜比嘉島は、平安座島、宮城島、伊計島と橋や道路でつながっている。4島をドライブするのも楽しい。とくに宮城島は、高台から見るリーフが色とりどりで美しい。穴場的スポットで、おすすめだ。

Hamahiga Island

宮城島では、島人が潮干狩りをしていた

伊計島へは赤い伊計大橋を渡る

浜比嘉島から平安座島（左）と宮城島（右）を望む

浜比嘉島の兼久ビーチ
ノッチは大神島や新城島など神の島に多いと感じる

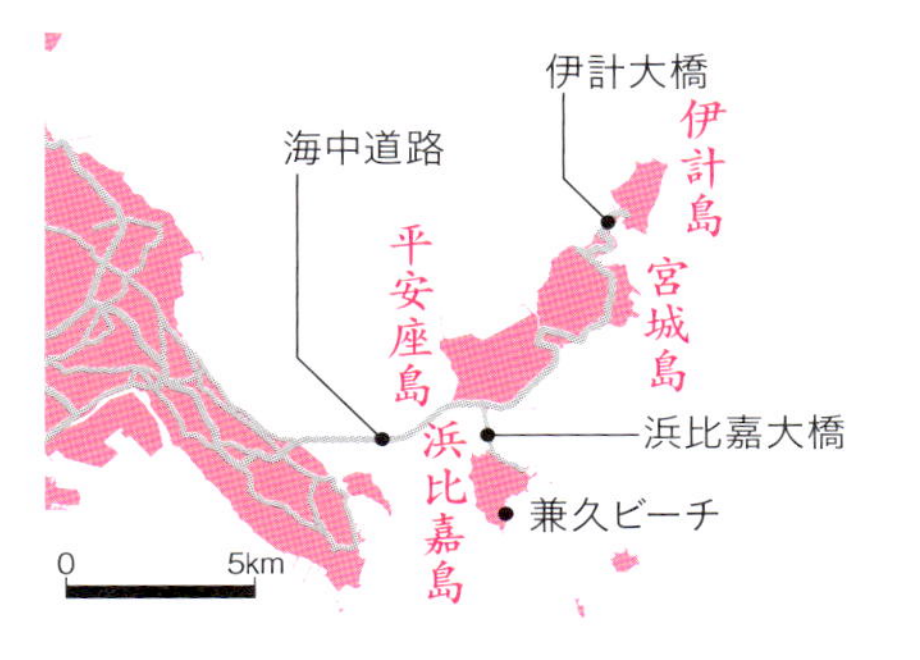

trip memo

access　本島与勝半島から海中道路で平安座島経由、浜比嘉大橋を渡る。那覇市街から車で約60分

stay　ホテル・ペンション・民宿・ゲストハウス。本島から日帰りも可

season　周年

island data　address/area/population

浜比嘉島　沖縄県 うるま市／約2㎢／約500人
平安座島　同上／約5㎢／約1280人
宮城島　同上／約6㎢／約770人
伊計島　同上／約2㎢／約290人

のんびりと雲を眺める

甘いニンジンがおいしい素朴な島

本島の東に浮ぶ津堅島は、別名「キャロット愛ランド」。甘みが強くておいしいニンジンの産地だ。

島人は半農半漁。周囲約7キロメートルと小さな島だが、一キロメートルも続くトマイ浜ビーチとサンゴ礁、そして素朴な島人が魅力。

青い海に白い砂浜、そこにパイナップルに似た姿のアダンが彩りを添えている。

ビーチを撮影していたら、アラジンの魔法のランプのような形の雲があらわれた。

TSUKEN ISLAND

トマイ浜の青い空にアダンが映える

trip memo

access　本島与勝半島の平敷屋港から高速船で15分、フェリーで30分
stay　旅館・民宿。日帰りも可
season　周年

island data

address　沖縄県 うるま市
area　約2㎢
population　約480人

カベール岬に向かう一本道

神聖な井戸、ヤグルガーへ降りる階段

聖なる浜で祈る

海の彼方の理想郷、ニライカナイにもっとも近い島。琉球の祖アマミキヨが降り立って最初につくった島。五穀の種が流れ着き、農業が始まったとされる島――久高島は神聖な島だ。入ってはいけない場所もある。

むやみやたらに行くところではないという思いが強く、そうこうしているうちに、行ったことのない数少ない島のひとつになっていたが、久高島へはしぜんに導かれるように行く、といわれる。この本のための撮影中、そのときが来た。

大神島の撮影を終え、宮古島から石垣島に向かう飛行機が満席だったので那覇へ行くことになり、翌朝、しぜんに久高島へ引き寄せられるように安座間港へ向かいフェリーに乗った。

まず向かったのがカベール岬。

KUDAKA ISLAND

本島のニライカナイ橋から朝日のなかの久高島を望む

trip memo

access　本島安座間港から高速船で15分、フェリーで25分
stay　旅館・民宿・ゲストハウス。本島から日帰りも可
season　周年

island data

address　沖縄県 南城市
area　約1㎢
population　約270人

クバの葉が生い茂る一本道を、ひたすら自転車をこぐ。カベール岬にたどり着くと、海に向かって拝んでいるおばぁとその家族がいた。さすが神の島と思った。

ほかにも、みそぎをする井戸、ヤグルガーや、泳ぐことのできるウディ浜などもよかった。初めておとずれた、神の島久高島は、とてもやさしいイメージの島だった。

奥武島(本島南部)

奥武橋から飛び込む。向こうに奥武ビーチが見える

瀬長島。飛行機の写真を撮るために来る人も多い

本島の南部の多彩な離島

本島南部の周りに、おもしろい小さな離島が3つある。

コマカ島は、久高島の隣に浮かぶ無人島で、南城市から船で15分ほど。海水浴などで気軽に遊びに行ける。周囲を囲むまっ白い砂浜と、とびきりきれいな水が魅力。おだやかな海は、子ども連れでも安心して楽しめる。この小さな島は、ニライカナイ橋の高台から見ることができ、南の島といった感じがする。

奥武島は、本島から橋で渡れる離島だ。天ぷらが有名で、魚やもずく、アーサ(ヒトエグサ)などをおやつに買っていく人も多い。トビイカ干しもこの島の風物詩。海の幸あふれる島だ。島の子どもたちが、橋の上から飛び込んでいた。かなり高さがあり、沖縄の子どもたちはやっぱり、や

Ou Island

コマカ島はシュノーケリングがおすすめだ

コマカ島

trip memo

access　本島南部から奥武橋を渡る
那覇市街から車で約40分

stay　民宿・ゲストハウス。本島から日帰りも可

season　周年

island data　address/area/population

コマカ島　沖縄県 南城市／約0.02㎢／0人
奥武島　同上／約0.2㎢／データなし
瀬長島　沖縄県 豊見城市／約0.2㎢／データなし

まんぐー（わんぱく）だなと思う。

そして瀬長島は、那覇からもっとも近い離島。飛行機が頭上すれすれを飛ぶことで有名だ。最近は、ギリシャのミコノス島のような、まっ白な道にまっ白な建物ができ、おしゃれなスポットとして観光客が増えている。ビーチもあり、干潟になるとコメツキガニなんかもいた。那覇の近くでこのような自然があることに安心した。

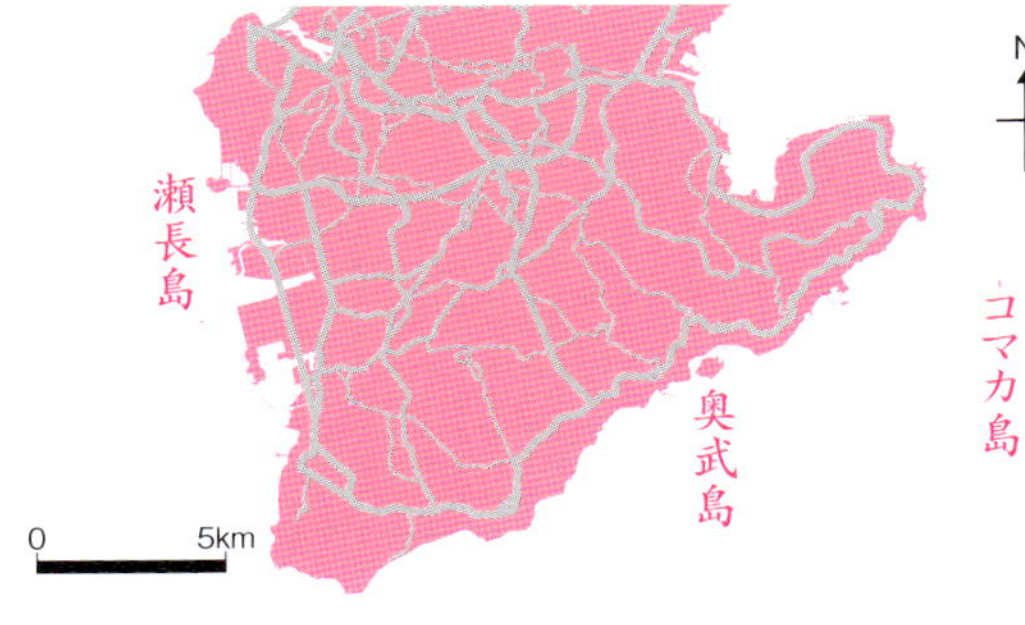

絶海の孤島でのダイナミックな休日

南大東島と北大東島は、沖縄最東端の島。海の色は紺碧。那覇から約360キロメートルも離れ、明治時代に八丈島出身者が開拓したこともあり、文化的にも沖縄とはかなり違う雰囲気をもつ。

ビーチはなく、代わりに岩をくり抜いてつくった巨大なプールが3つある。潮の満ち干によって毎日海水が入れ替わり、大きな魚も入る。ここでのんびりと魚と泳ぐのは、じつに気もちがいい。

釣りも迫力がある。海岸からすぐに深い海になるので港でもマグロなどの大物が釣れる。海岸線は断崖絶壁。港に船が接岸できないので、人も荷物もゲージの中に入って、クレーンで吊り上げられて上陸する。漁に出るときは、船ごとク

Minami Daito Island

サンゴ礁が隆起してできた南大東島には地底湖もある

巨大な竿で大きなツムブリが釣れていた

漁から戻った船をクレーンで引き上げる。北大東島にて

自然の岩をくり抜いたプールにただよう

trip memo

access　那覇空港から飛行機で75分
那覇の泊港からフェリーで15〜17時間
南大東島・北大東島間は飛行機で15分、フェリーで60分

stay　ホテル・民宿・ゲストハウス。日帰り不可

season　周年

island data　address/area/population

南大東島　沖縄県 島尻郡 南大東村／約31㎢／約1260人
北大東島　沖縄県 島尻郡 北大東村／約12㎢／約570人

レーンで海に降ろしてもらい、漁が終わると、引き上げてもらう。

大東島へのアクセスはややこしく、南北両方の島を回りたければ、最低2泊は必要。ほかの島にはないスケールの大きな体験ができる、絶海の孤島である。

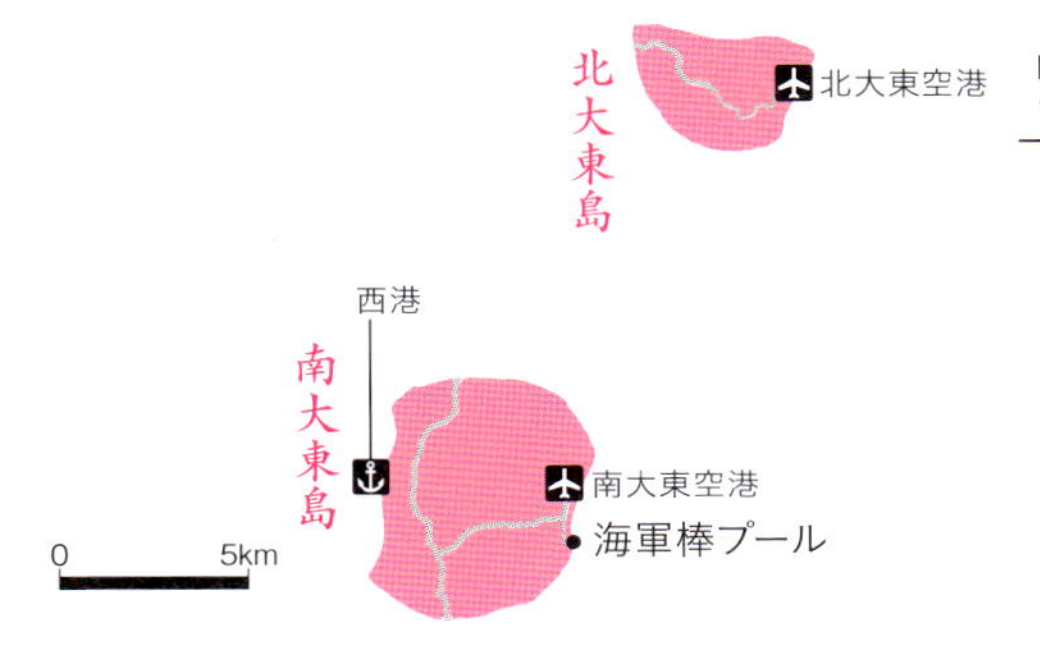

沖縄島の恵み

工芸

「なんという色づかいの美しさよ　なんという糸の美しさよ　吹けば飛ぶような手巾（ていさーじ）を織り上げて　愛しい人を待ちましょう」と唄う「月夜浜節」。沖縄の女性は、日常的に糸を紡ぎ、染め、布を織っていた。また、力強いシーサーなどの壺屋焼きや、素朴なパナリ焼きなどの焼きもの、琉球ガラスも美しい。

藍染めの着物は沖縄の女性によく似合う

シーサーは家の安全の守り神

染め上がった布は川や海でさらす

織りを体験できる場所もある

かつては糸を紡ぐことも日常だった

華やかな彩りが島の空に映える

彩りの美しい琉球ガラス

琉球ガラスにはさまざまな彩りがある

貝などを混ぜて焼くパナリ焼き

慶良間諸島の島々

「ケラマブルー」とよばれる独特の海の色が美しい。
座間味島には、北の海からクジラがおとずれる。
ウミガメが産卵する島もある。
豊かなサンゴ礁を求めて
多くのダイバーがおとずれる。
また、無人島には、行きにくいからこそ
そこでしか味わえないスペシャルな時間が流れる。

渡嘉敷島

阿波連ビーチ

ちょっと、セイシェルに似ている

慶良間諸島の海は、遠浅の白い砂浜、雄大で多様な景観の美しさから国立公園に指定されていて、リピーターが多い。その慶良間諸島の東に浮かぶ渡嘉敷島。阿波連ビーチは、大きな岩があり、インド洋に浮かぶ美しい島、セイシェルのような雰囲気だ。

中部のトカシクビーチには、沖縄のビーチには珍しくココヤシが生えている。ウミガメに会えることも多い。南部の灯台下の洞窟も人気だ。

たくさんのダイビングポイントがあり、国内外からダイバーがおとずれる島。魅力的なダイビングポイントは、島の人たちが大切にサンゴを守り、ビーチをきれいに保って、できている。

TOKASHIKI ISLAND

トカシクビーチ

トカシクビーチの朝

トカシクビーチでウミガメと泳ぐ

阿波連ビーチ

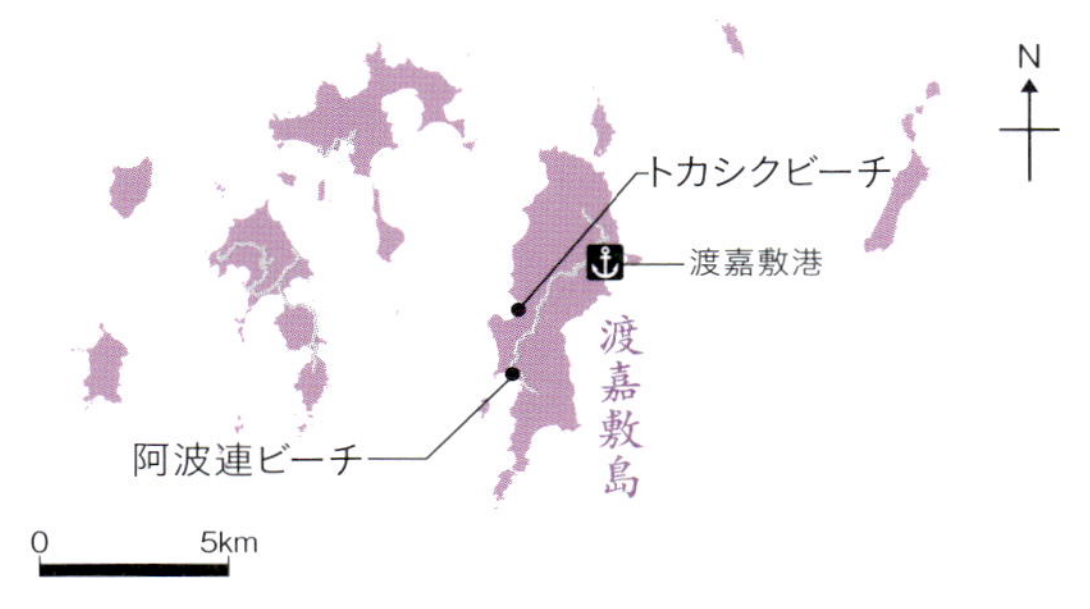

trip memo

access　那覇の泊港から高速船で35分、フェリーで70分

stay　ホテル・ペンション・民宿・ゲストハウス。日帰りも可

season　周年

island data

address　沖縄県 島尻郡 渡嘉敷村

area　約15㎢

population　約670人

クジラの母親のやさしい目に出会う

「ケラマブルー」とよばれる独特の深い青の海。座間味島と阿嘉島の間の海は、貴重なサンゴ礁としてラムサール条約に登録されたほどだ。

島自体は、90%が山野や原生林である。森を散策すれば、いろいろな生きものに会えるし、展望台からは、安室島や阿嘉島、久米島、沖縄本島を望める。

冬には、アラスカなどの冷たい海からの長旅を終えてザトウクジラがやってくる。あたたかい沖縄の海で、繁殖し子育てをするのだ。ホエールウォッチング協会のスタッフが陸上からクジラを観察して、海上の船にクジラのいる場所を伝えるので、出会える確率はとても高い。クジラを保護するために、観察は船からす

Zamami Island

山の上の展望台から安室島を望む

美しいケラマブルー

子クジラを連れて悠然と泳ぐ

trip memo

access　那覇の泊港から高速船で50分、フェリーで120分
stay　ホテル・旅館・ペンション・民宿・ゲストハウス。日帰りも可
season　ホエールウォッチングは1～3月

island data

address　沖縄県 島尻郡 座間味村
area　約7㎢
population　約580人

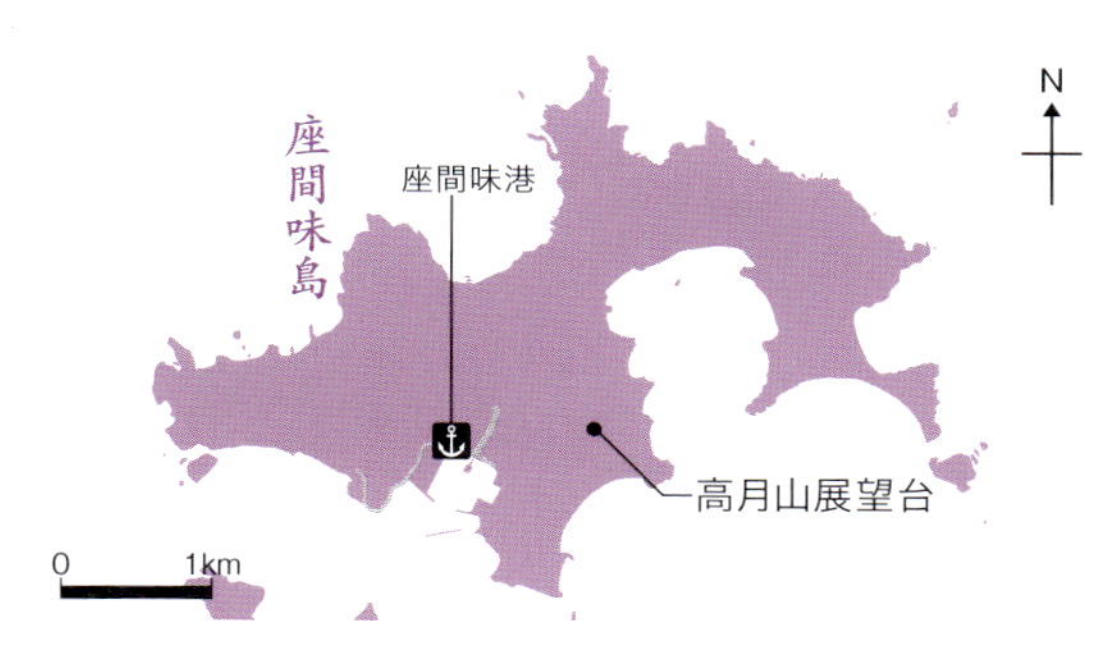

ることや、クジラに近づきすぎないことなどが決まっている。ところが、停泊している船やカヌーに子クジラが興味をもって近づいてくることも。この水中写真は、船から足首を持ってもらい、逆さまになって上半身だけ水中に入るというアクロバティックな姿勢で撮影した。母クジラは体長13メートルほど。バスくらいの巨体だ。目もとても大きい。でも、こちらを見たその目は、すごくやさしかった。

安室島

アイランドホッピングで無人島を巡る

座間味島から渡し船で10分ほどのところに、安室島、安慶名敷島、嘉比島という3つの無人島がある。ツアーもあるし、自分でシーカヤックなどで行くこともできる。桟橋はないので、船から直接砂浜に上陸する。いずれも無人島だけあって、有人島とはひと味違う雰囲気だ。人が少なく、海の透明度も抜群。浅瀬でシュノーケリングをすれば、たくさんの魚に会える。ただ、沖に出ると潮の流れが速いので注意が必要だ。

いくつかの島を巡るアイランドホッピングをするもよし、ひとつの島でゆっくりするもよし。白い砂浜とケラマブルーの海、そして静けさに身を任せ、無人島でのスペシャルな時間を楽しんでほしい。

AMURO ISLAND

安慶名敷島でたくさんの魚に出会う

嘉比島

安室島から見える座間味島
ふたつの島は大潮の干潮時だけ砂の道でつながる

trip memo

access　3島とも座間味島から渡し船やツアーで5〜10分

stay　なし

season　周年

island data　address/area/population

安室島　同上／約0.7㎢／0人

安慶名敷島　同上／約0.1㎢／0人

嘉比島　沖縄県 島尻郡 座間味村／約0.1㎢／0人

ありのままの自然

阿嘉島は、ダイバーに人気の島だ。シュノーケリングでもたくさんの魚に会える。慶良間諸島のなかではあまり観光地化されていないスポットなので、ありのままの自然を満喫できる。とくに夕景の美しいヒズシビーチやクシバルビーチをおすすめしたい。

海だけでなく森も豊かなのが特徴だ。山も多いので、山頂からの眺めもすばらしい。

夜は、ナイトツアーも楽しい。満天の星の光に包まれたり、港で海水をかき混ぜて、宝石のように光る夜光虫を見たりと、さまざまなツアーがある。

慶留間島(げるまじま)、外地島(ふかじしま)と橋でつながっているので、レンタカーやレンタサイクルで3島を楽しむこともできる。

Aka Island

右上から阿嘉島、慶留間島、外地島

ヒズシビーチの夕景

クシバルビーチ

trip memo

access　那覇の泊港から阿嘉島まで高速船で50分、フェリーで90分
慶留間島・外地島へは阿嘉島から橋を渡る

stay　ホテル・ペンション・民宿。日帰りも可

season　周年

island data　address/area/population

阿嘉島　沖縄県 島尻郡 座間味村／約4㎢／約260人
慶留間島　同上／約1㎢／約67人
外地島　同上／約0.8㎢／0人

NAGANNU ISLAND

本島から もっとも近い楽園

ナガンヌ島、神山島、クエフ島の3つの無人島は、「チービシ諸島」とよばれ、沖縄本島から船で約20分という、もっとも近い楽園だ。

神山島の東の海底には「ラビリンス（迷宮）」とよばれる、トンネルや洞窟などが複雑に入り組んだ場所があるという。ミステリアスなダイビングが楽しめるはずだ。

ナガンヌ島は、マリンスポーツが盛ん。シュノーケリンググッズやビーチパラソルが借りられるだけでなく、レストコテージもありバーベキューなどもできる。さらに、宿泊用のレストハウスもあり、春から秋には、テントでのステイも可能。無人島で、満天の星を眺めながら泊まることができるのだ。

手前がナガンヌ島、その向こう右がクエフ島、左が神山島
遠くに本島が見える

trip memo

access　那覇からツアーの船で約20分

stay　ナガンヌ島はレストハウス・テント（4〜10月）
ほかはなし

season　周年

island data　address/area/population

ナガンヌ島　沖縄県 島尻郡 渡嘉敷村／約0.3㎢／約2人

神山島　同上／約0.3㎢／0人

クエフ島　同上／約0.02㎢／0人

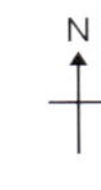

沖縄 島の恵み

空

沖縄の空は大きい。どこまでも広がる紺碧の空に雄大な雲が浮かび、ダイナミックな朝焼けや夕焼けに心が震える。雨が降ると緑がいっそう鮮やかになり、雨が上がれば大きな虹がかかる。夜、街では体験できない満天の星を眺め宇宙に思いを馳せる。大きな空に抱かれるだけで沖縄を旅する価値があると思う。

雲を見るだけで心に風が吹き抜ける

地平線の下の太陽がつくるマジック

虹は雨からのギフト

海が空を映す

太陽に大きな光の輪、暈（かさ）がかかる

言葉を失うほどの星々

見た者に幸福がおとずれるというグリーンフラッシュ。沈む太陽が一瞬だけ見せる奇跡の光

静かに太陽と向き合う時間

スコールが朱に染まった

焼けた空は刻々と変化する

モーターパラグライダーで大空を飛ぶ｜石垣島

沖縄 島の恵み

アクティビティ

沖縄のアクティビティは、まずはマリンスポーツをおすすめしたい。あくまでも透明な海は、ただのんびり泳ぐだけでも心地よい。ゴーグルをつければ、たくさんの生きものに出会える。ダイビングでは、大物にも出会うことができ、海底の地形もミステリアス。また、豊かな森や川辺のトレッキングもおすすめだ。

風を受けて海上を走るウィンドサーフィン｜宮古島

海辺での乗馬は格別だ｜与那国島

カヤックは海も川も楽しい｜西表島

モーターボートにひかれて飛ぶパラセーリングも楽しい｜石垣島

ダイビングはぜひ体験してほしい｜鳩間島

カイトボードにトライしてみては｜小浜島

サーフィンで、波と一体になる｜石垣島

マイペースで漕ぐSUP（スタンドアップパドルボード）｜石垣島

シュノーケリングでスペシャルな出会い｜座間味島

宮古諸島の島々

宮古諸島の島々は、海がとびきり美しい。
どこまでも青い海、まっ白い砂浜、
その水はあくまでも澄んでいる。
サンゴ礁にはカラフルな魚が群れ
ウミガメが上陸する島も多い。
ビーチもすばらしく美しい。
手つかずの自然の残された離島には
ゆったりとした時間が流れる。

与那覇前浜の自然のアート

東洋一といわれる美しいビーチ

与那覇前浜は、沖縄でもっとも美しいビーチのひとつ。東洋一美しいともいわれている。砂が白く、とても細かい。パウダースノーのようにふかふかしていて、素足でも足にやさしい。

その砂浜が延々7キロメートルほども続いている。水の透明度は抜群、波もおだやかだ。波打ち際には、水が描いたアートがどこまでも続いていた。ここは夕景の絶景ポイントでもある。

国の天然記念物にも指定されている東平安名崎

嵐のあとの虹色の波

ビッグウェーブを間近に見る

日本百景にも選ばれた東平安(ひがしへん)名崎(なざき)は、宮古島の最東端にのびた岬。岬の先端にある灯台からは、360度のパノラマが広がる。81ページの写真は、東平安名崎をヘリから空撮したもの。細長い岬のまん中をまっすぐな道が1本のび、海の青色はさまざまに変化している。自然と人の営みがつくった絶景だ。

台風が去ったある日、東平安名崎の灯台まで波を見に行った。岸から沖にオフショアの風が吹いていたからだ。大きな波がリーフに当たってきれいに崩れ、その波頭に強い風が当たるとしぶきが舞い上がる。そこに太陽の光が反射、屈折して虹を生む。たくさんの波に、それぞれ違う色がついたようで、じつに美しかった。

台風は、被害を与えることもあるけれど、海水はかきまぜられて海水温が下がる。落ち葉やごみを吹き払う役割もある。そして台風が去った海に、巨大な波を求めて海外からもサーファーたちがやって来る。沖縄の島は、それほど魅力的な波が生まれるのだ。

少し潜っただけで別世界だ

子ガメはまっすぐ海へ向かう

夕日の美しいビーチ

砂山ビーチは、大きな砂山を下りたところにある。自然の岩のトンネルがあり、トンネル越しに見る海が印象的だ。西海岸なので、夕景も美しい。宮古の海は、本当に美しい。サンゴ礁が広がり、たくさんの魚が泳いでいる。ウミガメが産卵におとずれる浜もある。6～9月ごろの夜に浜に上がり、産卵するが、人工的な光や人の気配があると上陸できないこともあるという。無事に産卵を終えると、2か月ほどでふ化する。小さな子ガメは、懸命に海に向かう。ただ、そのうち無事に育つのは、ほんのわずか。やはり人工的な光があると、海の方向がわからなくなってしまうようだ。ウミガメは、絶滅が心配されている動物だ。静かに見守りたい。

MIYAKO ISLAND

砂山ビーチ。トンネル越しの太陽を眺められる時期がある

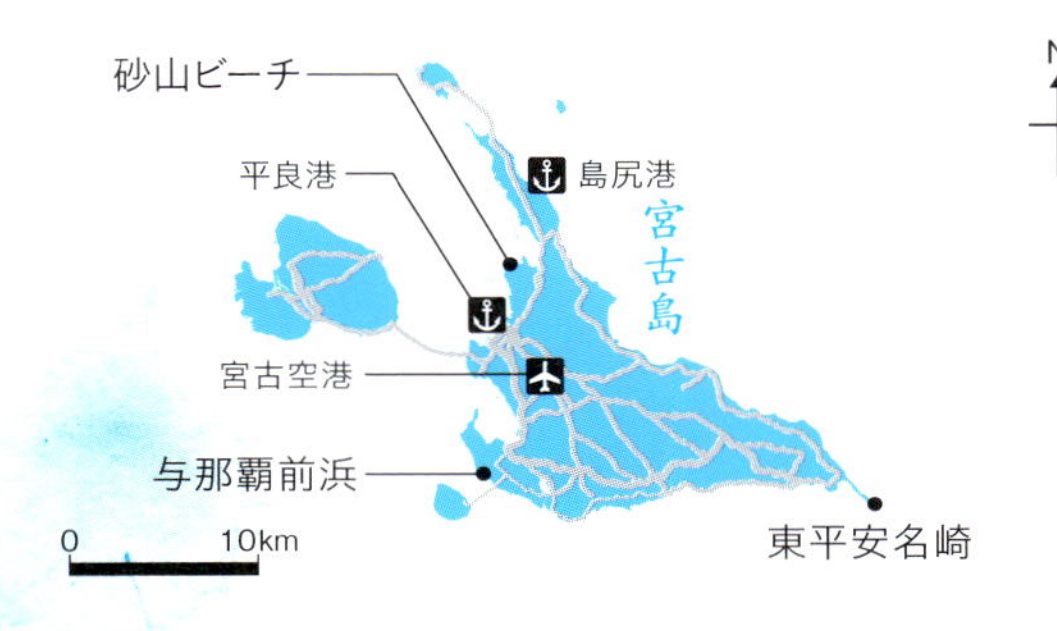

trip memo

access 飛行機で東京から3時間15分、那覇から50分

stay ホテル・ペンション・民宿・ゲストハウス。本島から日帰りも可

season 周年

island data

address 沖縄県 宮古島市

area 約159㎢

population 約4万8200人

空と海の間を走り抜ける

宮古島の北端から池間島に、橋がかかっている。池間大橋だ。全長は1425メートル。紺碧の空と海の間を、まっすぐに走り抜けるのは最高に気もちがいい。橋からの眺めもすばらしい。

ある日の午後、橋からの風景を撮影していたら、漁を終えた船が帰ってくるのが見えた。船の軌跡が青い海に白く描かれ、白い雲と響き合っているように見えた。

池間島は自然の豊かな島だ。中央の池間湿原には、カモやサギなどたくさんの渡り鳥がおとずれる。また、湿原の周囲にはオカガニが生息し、夏の満月の夜、産卵するため海に向かう姿に出会うことも。御嶽をはじめ、いくつもの聖地があり、祭祀を守る祈りの島でもある。

Ikema Island

まっすぐにのびる池間大橋

海岸でハートの窓を見つけた

池間大橋からの眺め

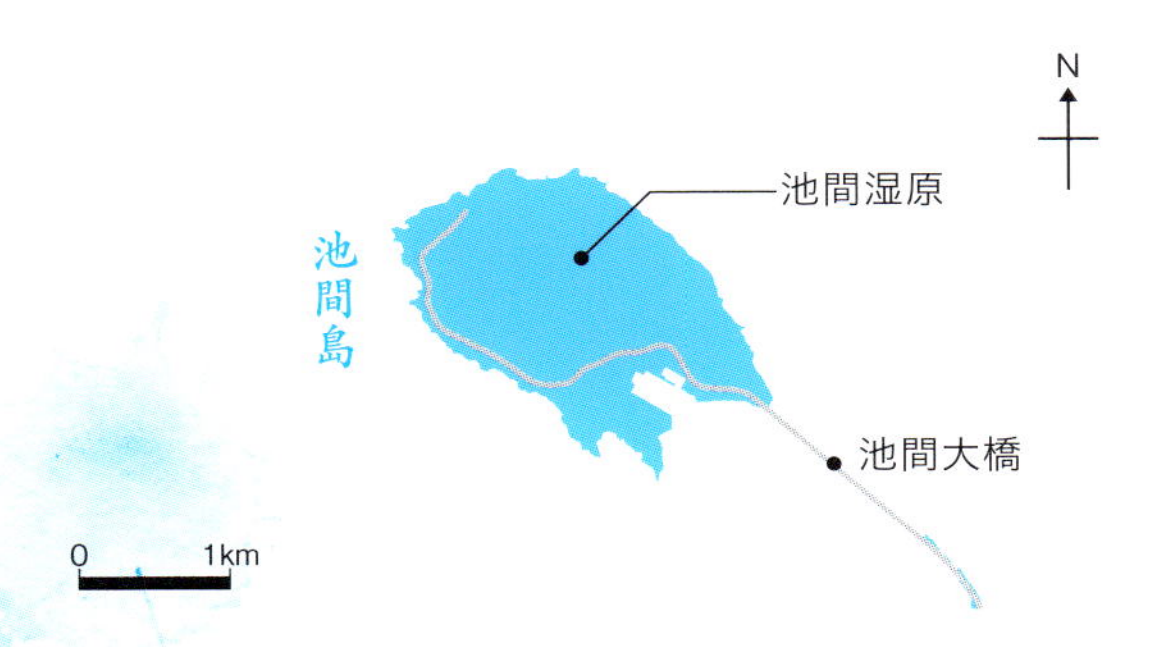

trip memo

access　宮古島から池間大橋を渡る。宮古市街から車で約30分

stay　ペンション・民宿・ゲストハウス。宮古島から日帰りも可

season　周年

island data

address　沖縄県 宮古島市

area　約3㎢

population　約650人

八重干瀬空撮。左上に池間島が見える

Yabiji Coral Reef

そこは海の幸を得る場所でもある

海は身を清める場所

東西に約7キロメートルも続く大サンゴ礁群が、池間島の北に広がっている。濃い青は深い海、薄い青がサンゴ礁。魚や小さな生きものが群れる豊かな海だ。

深い海はダイビング、浅い海はシュノーケリングでたくさんの生きものに出会える。2013年に国の天然記念物に指定された。

そのサンゴ礁が、年に数回、海上に姿をあらわす。古くから、旧暦三月三日の大潮のとき、その幻の島に上陸する習わしがあった。女性たちがその海で身を清めたのだ。沖縄各地で行われる「サニツ」「浜降り」とよばれる行事だ。

海は古来、恵みを得る場所であり、身を清める場所だった。そして沖縄には、そうした祈りの文化が今も残っている。

N
八重干瀬
0 5km

trip memo

access ツアーの船で池間島から30分、宮古島から60分
stay なし
season 周年

island data

address データなし
area データなし
population 0人

OGAMI ISLAND

海の中は意外なほどやさしい彩り

近寄りがたい神の島だと思っていたが……

宝石のように広がるリーフ

その名のとおり、神高い島だ。人口は30人ほど、周囲3キロメートル足らずの小さな島だが、島にはいくつも神が舞い降りる場所があり、島全体にたくさんの聖地がある。神の島として、大切に守られてきた島だ。ほかの島と橋でつながってもいない。おとずれるときは、入ってもいい場所かどうか島人に確かめる必要がある。気楽に遊びに行くような島ではないと、長年思っていた。

ところが、行ってみると島人はとてものんびり暮らしていて、すごく安らぐ感じがした。周りの海には、やさしい印象の小さなサンゴ礁がたくさんある。サンゴの彩りは淡く、小さな魚が群れ泳いでいる。やさしい海に浮かぶ、神秘の島だ。

N
大神島
大神港
0 500m

trip memo
access 宮古島の島尻港から船で15分
stay 民宿。宮古島から日帰りも可
season 周年

island data
address 沖縄県 宮古島市
area 約0.2㎢
population 約30人

渡口の浜

伊良部島

ココヤシのビーチで憩う

宮古諸島の海は、いずれもとても美しいが、ここ伊良部島の渡口の浜は、宮古島の与那覇前浜に引けを取らない。南向きで遠浅、風のない日は海面が鏡のように静もる。ココヤシが生えているのも特徴だ。ダイビングやシュノーケリングも楽しい。海底の地形が変化に富んでいるので、ミステリアスな海中散歩を楽しむことができる。

2015年に、宮古島から橋でつながった。サン（3）ゴ（5）の島（40）から、全長3540メートル。無料の橋としては日本で一番長い。海の風を受けながら渡るのも爽快だ。

島人はカツオ漁師が多い。海は彼らの仕事場でもあることを心にとめておとずれたい。

IRABU ISLAND

絶景スポットがたくさんある。写真は白鳥崎

ココヤシの緑が海の色によく似合う

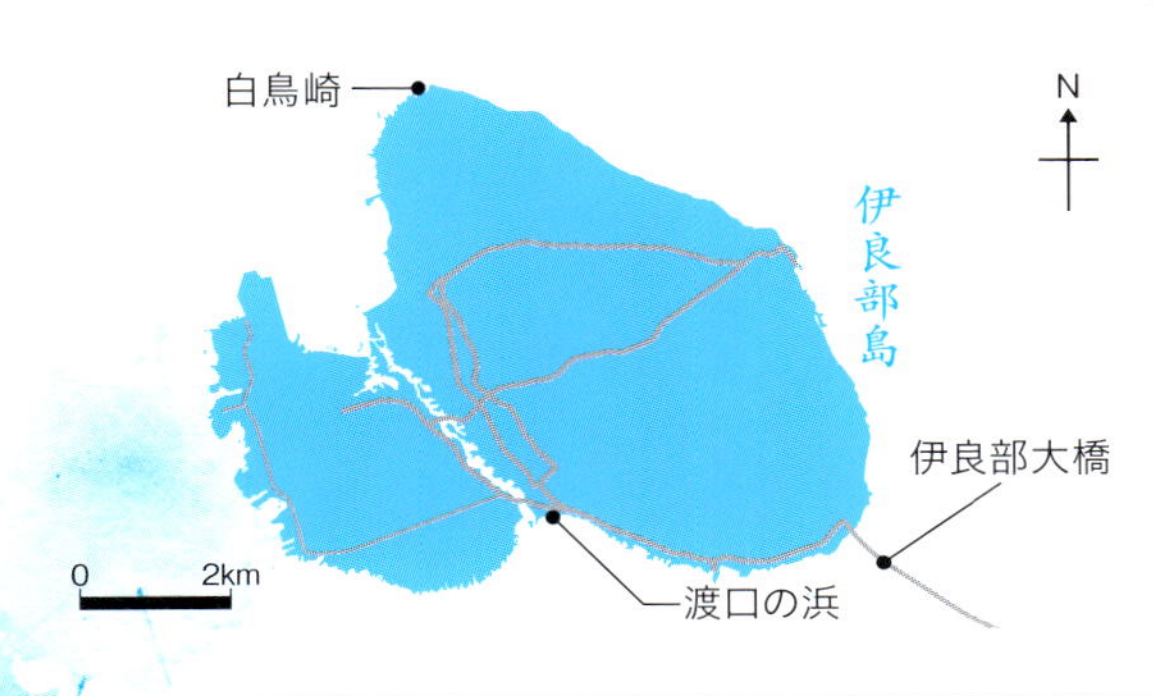

trip memo

access　宮古島から伊良部大橋を渡る。宮古市街から車で約35分

stay　ホテル・ペンション・民宿・ゲストハウス。
宮古島から日帰りも可

season　周年

island data

address　沖縄県 宮古島市

area　約29㎢

population　約5380人

SHIMOJI ISLAND

ビーチもとても美しい

通り池は国の天然記念物

海とつながる不思議な池

伊良部島の西に隣接する島。全島が石灰岩で覆われている。そして生まれたのが深いブルーの水をたたえた通り池だ。海岸にあった鍾乳洞が大きくなり、天井が落ちて池になったのだ。

2つの池は地底でつながり、さらに、海に近いほうの池は、幅20メートル高さ45メートルほどの巨大なトンネルで海ともつながっている。海から池に向かって泳ぐと、水の色は深い青から淡い青に変化し、池に入ると、さらに水温の違いによって光が変化して、緑や黄色、薄紅色の彩りが見られるという。

ダイバーにとって憧れのダイビングポイントだ。

N
下地島空港
下地島
通り池
0 2km

trip memo

access 伊良部島から橋を渡る
stay 民宿・ゲストハウス。宮古島から日帰りも可
season 周年

island data

address 沖縄県 宮古島市
area 約10㎢
population 約40人

来間島（くりまじま）

長間浜

沖縄でもっとも美しいビーチ

沖縄で一番きれいなのではないかと思うのが、来間島の長間浜だ。小さくて何もない素朴な離島だが、この浜は本当に美しい。テレビのCMやポスターなどの撮影もよく行われている。

ある日、長間浜で撮影をしていたら、馬に乗った人がビーチを駆け抜けて行った。のびやかで、ゆったりとした時間が流れていた。

来間島へは、宮古島の与那覇前浜から来間大橋で渡ることができる。全長は1690メートル。橋を渡るのは朝がおすすめだ。橋を渡って、東側にある宮古島を振り返れば、神々しいばかりの朝焼けが広がっている。海は紅に染まった空を映しながら、刻々とその色を変化させる。

Kurima Island

来間大橋から朝焼けに包まれる宮古島を望む

長間浜

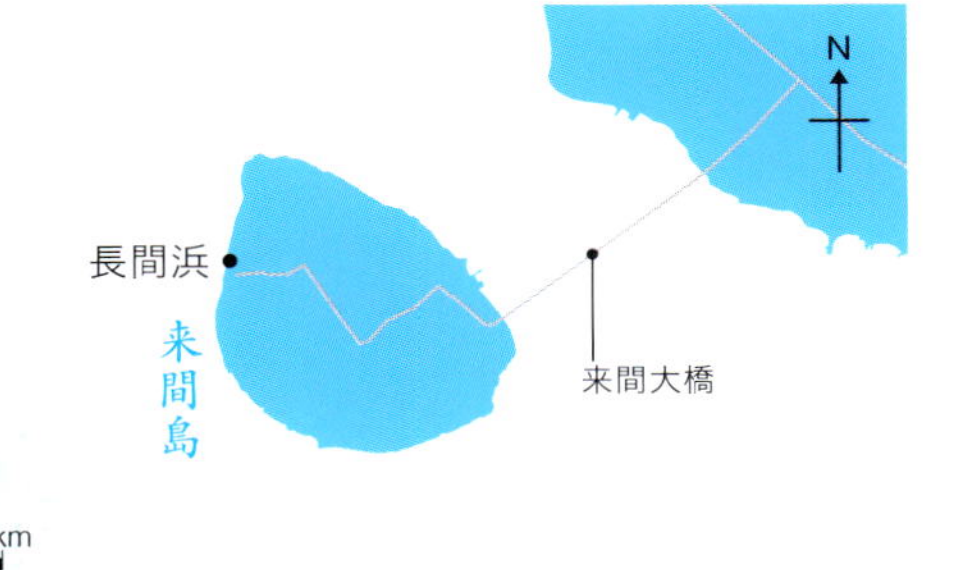

trip memo

access　宮古島から来間大橋を渡る。宮古市街から車で約20分

stay　ホテル・ペンション・民宿・ゲストハウス。
宮古島から日帰りも可

season　周年

island data

address　沖縄県 宮古島市

area　約3㎢

population　約170人

多良間島

自然と文化を守る静かな島

宮古島と石垣島の中間に位置する島。手つかずの自然が残された、じつに素朴な島だ。島には、500世帯、1200人ほどが暮らすが、島を歩いても、たまに島人を見かけるくらいで、ほとんど人に会わない。静かな島だ。ゆっくりとした島時間が流れる。

ところが、旧暦8月の豊年祭、八月踊りで、島は一変する。国の重要無形文化財にも指定されている奉納舞台は、琉球王朝の宮廷舞踊を今に伝える貴重なもの。独特な衣装は、ピンクや紫、黄色や黄緑と華やかな彩りが美しい。この時期は、多くの観光客がおとずれる。

八月踊り

多良間島空撮。遠くに水納島が見える

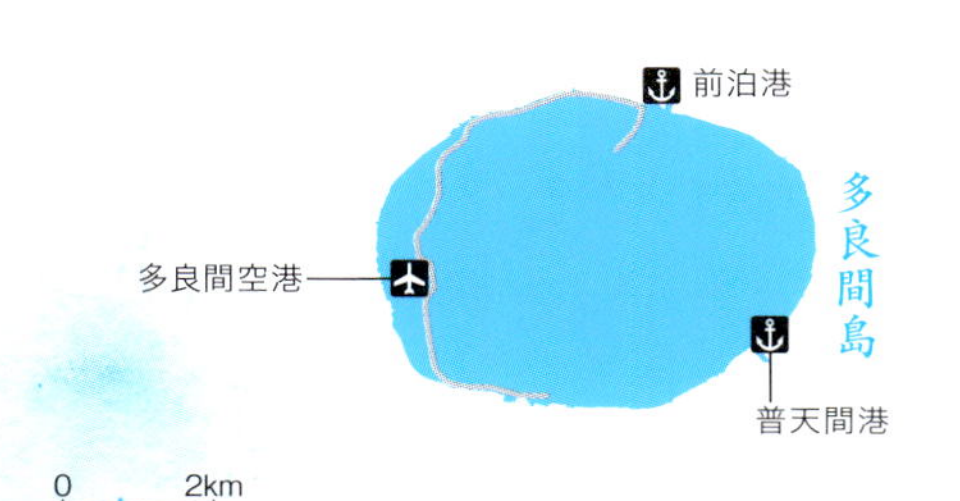

trip memo

access　宮古空港から飛行機で25分
　　　　宮古島の平良港からフェリーで120分

stay　ペンション・民宿・ゲストハウス。宮古島から日帰りも可

season　周年

island data

address　沖縄県 宮古郡 多良間村

area　約20㎢

population　約1210人

水納島（宮古）

豊かな海が広がる

島の周りのサンゴ礁は完璧なほど美しい

ここは最後の楽園だろう

数ある沖縄の離島のなかでも、もっとも行くのが困難な島。多良間島の北8キロメートルくらいのところにあるのだが、定期便はないので、渡るためには船を頼まなければならない。僕が行ったときは、多良間島の方にお願いして船を出してもらった。

かつては200名以上が暮らす島だったが、台風の被害が大きいため、宮古島への移住計画が進んだ。現在島人はごくわずか。島中に、牛やヤギが放牧されている。商店はないので、もしおとずれるなら、食料を持参する必要がある。サンゴ礁がとびきり美しく、人の手が入らない豊かな自然の小さな島が、南の海に浮かんでいる。

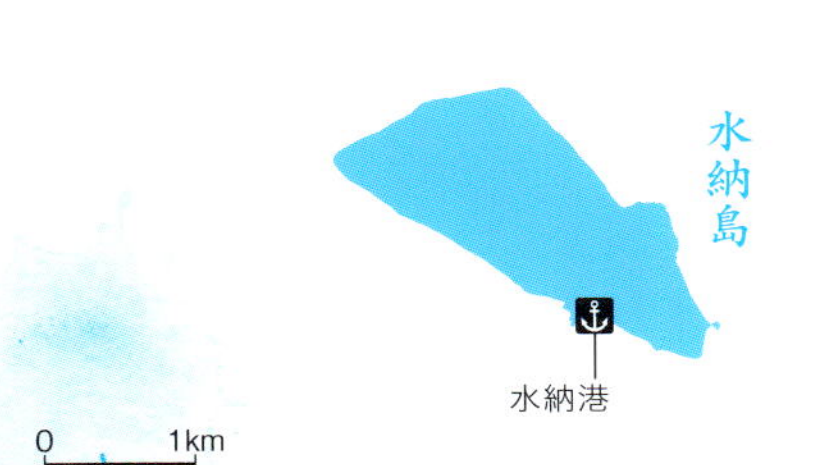

豊漁と漁の安全を祈る海神祭｜石垣島

沖縄 島の恵み

祭り

沖縄の祭りは熱く、そして深い。自然に感謝し、海や森の恵みをいただくときも海や森の神に祈り感謝する。年長者を敬い、祖先を祖霊として崇める。そんな島人の魂が、収穫に感謝し、繁栄を祈り、祖先の霊をなぐさめる祭りとして、島ごとに独自の形を生んだ。祭りでは、太鼓や三線、唄や踊りなどが奉納される。

旧盆に行われるムシャーマ｜波照間島

4つの地区「四ヶ字（シカーザ）」合同で行われる豊年祭｜石垣島

収穫感謝と五穀豊穣を祈る結願（シチイ）祭は国の重要無形文化財｜小浜島

ハーリーが奉納され、ミルク様が浜辺を行く豊年祭｜黒島

迫力のある園田のエイサー｜本島

衣の彩りが美しい豊年祭、八月踊り｜多良間島

国の重要無形文化財でもある節祭。オホホ様が登場する｜西表島

祖先の霊を供養するソーロンアンガマ｜石垣島

種をまきその生長を祈る種子取｜竹富島

彩りも豊かな海の幸

ノコギリガザミは姿蒸しが美味

沖縄 島の恵み
食

長寿で有名な沖縄には、豊かな食文化がある。沖縄の言葉では食べもののことを「くすいむん」「ぬちぐすい」という。「薬」や「命の薬」の意味だ。海に囲まれた島ならではの魚やカニなど豊かな海の幸、強い日差しを受けて育つ野菜や果物など大地の恵み。沖縄には、海にも大地にも長寿を支える恵みがある。

奥武島（本島南部）のトビイカ干しは夏の風物詩

宝石のように輝く久高島の海ぶどう

パイナップル、スターフルーツ、マンゴー、ドラゴンフルーツ、パッションフルーツ、パパイヤ、サトウキビ、バナナ

甘くて濃厚な島バナナ

神の島、久高島に実るパパイヤ

ココヤシが育つ島もある

ゴーヤ、島カボチャ、島ニンジン、ナーベラ、四角豆、ハンダマ、トウガン

八重山諸島の島々

八重山諸島には、水と緑の美しい島がある。
山があり森がある島が多いのだ。
森があることで雲が生まれ、雨が降り作物が実る。
雲があることで、朝焼けや夕焼けが美しく
雨が上がれば、虹も生まれる。
都会から遠いからこそ、守られてきた自然がある。
自然のなかで暮らすことで生まれる祈りがある。

森と海が織りなす絶景

石垣島といえば川平湾といってもいいほど、川平湾は魅力的な場所だ。細長い湾に小島が点在し、背景の深い緑、刻々と彩りを変える海が美しい。とくに南風の日は凪になり、水面が鏡のように空を映す。日本百景にも選ばれた絶景ポ

フサキビーチからの夕景

吉原地区の浜。砂の道は刻々と変化する

イントだ。

吉原地区には、潮の満ち干の微妙な関係で、幻想的な砂の道があらわれる浜がある。

石垣島は、沖縄諸島最高峰の於茂登岳など大きな山があり、地形の変化がおもしろい島。山があるので雲も生まれ、朝焼けや夕焼けなど、空の変化もドラマティックだ。

西海岸のフサキビーチは、サンセットスポットとしても人気がある。

川平湾は国の天然記念物

マンタと泳ぐ

石垣島のダイビングの魅力は、なんといってもマンタだ。川平石崎に、「マンタスクランブル」とよばれるスポットがある。たくさんのマンタに会える場所は世界的にも珍しく、海外からやって来るダイバーも多い。

川平石崎の海に、ほかの魚の体を掃除する魚、「クリーナー」がいる。ベラなどがそうだ。マンタは、そのクリーニングステーションに集まってくる。だから、その場所まで行くことができれば、7割ほどの確率でゆったり泳ぐ姿を観察できる。ここを目的にやって来るダイバーが多いので、1日に100人以上いることも。

マンタは、体長は3～4メートルもあるが、プランクトン食のおとなしい魚。4～10月がベストシーズンだ。

サトウキビの緑とハイビスカスの赤。沖縄らしい彩りだ

SUPで海から見つけた小さなビーチ

ベストシーズンには1日に何枚も会えることも

夜の宝石に出会う

石垣で、もうひとつ、ぜひ体験してほしいのがヤエヤマヒメボタルだ。3月から6月の夕暮れどき、山からホタルが降りてくる。その数、多いときは1000匹にもなる。日本で一番小さいヤエヤマヒメボタルの光が飛び交う様は、まさに幻想的だ。

上の写真は、道を歩いていたら、両側の山の斜面から小さな光がたくさん降りてきて、歩いている道で交わり、きらめきの洪水になった。宝石のようなその輝きに言葉を失い、シャッターを切った。

ホタルが見られるスポットは、島内にいくつかある。ガイドが案内するナイトツアーがあるので、参加してみてほしい。

Ishigaki Island

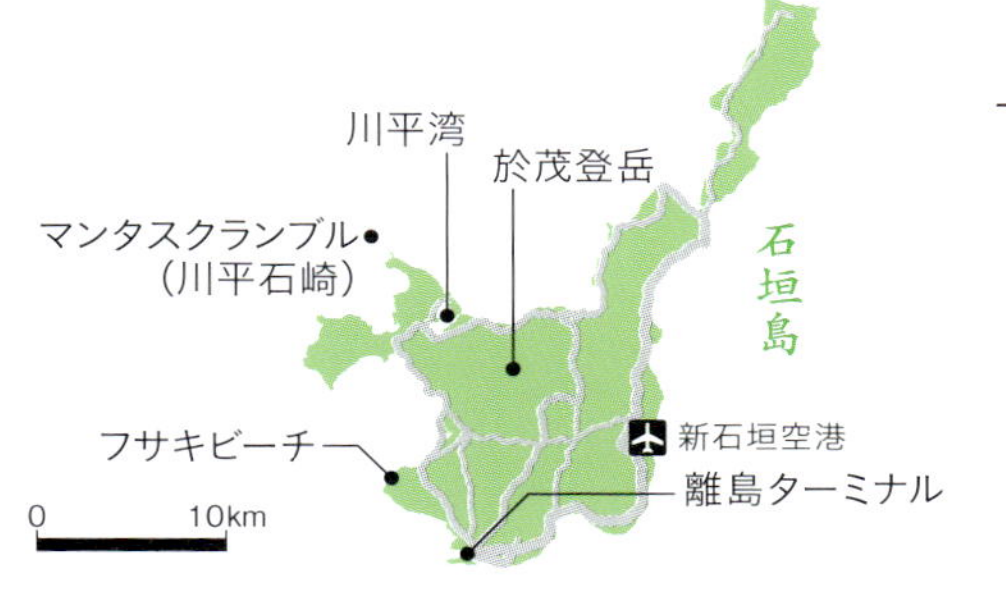

trip memo

access 東京・名古屋・大阪・福岡から飛行機
那覇からは飛行機で60分、宮古島からは35分

stay ホテル・ペンション・民宿・ゲストハウス。本島から日帰りも可

season マンタは4〜10月、ヤエヤマヒメボタルは3〜6月

island data

address 沖縄県 石垣市

area 約223㎢

population 約4万8660人

織りにも祈りが込められている

シーサーは家ごとに違う表情を見せる

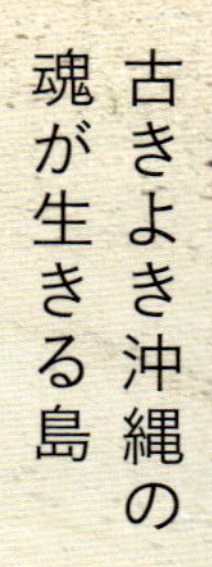

古きよき沖縄の魂が生きる島

重要伝統的建造物群保存地区に指定された街並み。緑の生け垣に家々の赤瓦が映える。屋根の上のシーサーは、災いを除ける守り神だ。古代エジプトやインドからシルクロードを通り、中国を経て、約500年前に琉球に伝わったといわ

竹富島ならではの時間が流れる

れている。以来、沖縄の島々の暮らしを守り続けてきた。色とりどりの花が咲き乱れ、白砂の道は、島人たちによって掃き清められている。朝、道には、ほうきの跡が清々しく残っている。

竹富島では、織物などの伝統工芸も大切に守られている。右上の写真の、5つと4つのマス目からなる柄は、「いつ(5)の世(4)までも末永く」という祈りが込められている。かつて、女性が想いを込めて布を織り、愛する男性に贈った柄が原型になっているという。

コンドイビーチの近くにある星砂の浜

引き潮のコンドイビーチ

砂州の広がる絶景

竹富島でもっとも美しいといわれるコンドイビーチは、むしろ潮が引いたときがおすすめだ。潮が引くと砂州があらわれ、遠浅の海面は鏡のようになる。ほかでは見られない幻想的な風景が広がる。西海岸なので、夕景も美しい。

広い砂州に立つと、地球の大きさを感じる。そして、潮の満ち干で刻々と変化する風景を眺めていると、地球が息をしていることを感じる。太陽と月の力で、毎日ゆっくりと息をしているのだ。

満ちてきたら、遠浅の海で泳ぐのも心地よい。波打ち際を小さな魚が泳いでいることもある。遠くに、小浜島と西表島も望める。

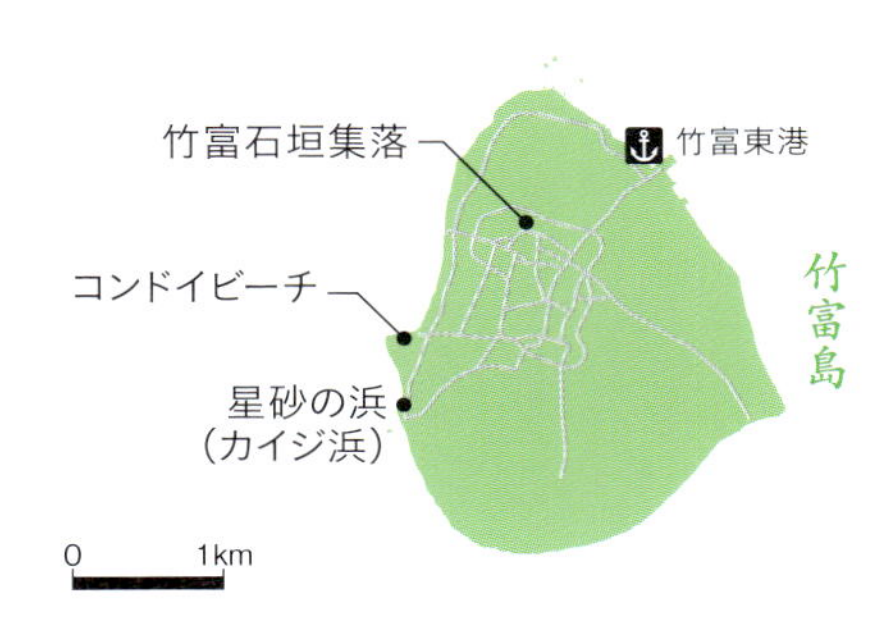

trip memo

access　石垣島の離島ターミナルから高速船で10〜15分、フェリーで20分

stay　ホテル・民宿・ゲストハウス。石垣島から日帰りも可

season　周年

island data

address　沖縄県 八重山郡 竹富町

area　約5㎢

population　約360人

海へ続く道。雲も道と同じ形に

果報の島は八重山の「テンブス」

山があり恵みの雨が降る小浜島は、米作ができる果報の島。サトウキビ栽培も盛んで、海へと続くサトウキビ畑の道は、散策でもサイクリングでもじつに心地よい。連続テレビ小説「ちゅらさん」のロケ地になった道は、「シュガーロード」とよばれている。人口６００人ほどの小さな島だが、自然の恵みに満ちた島だ。八重山列島のほぼ中央に位置しているので、「八重山のテンブス（へそ）」ともよばれ、中央の大岳からは、石垣島、竹富島、黒島、新城島、西表島、鳩間島、嘉弥真島、そして天候がよければ波照間島まで見渡せる。

僕は、この島の南にあるリゾート施設「はいむるぶし」で、マリンスポーツのインストラクターをしていた。小浜島から見る星空はとても美しい。全天にある1等星は21個。そのすべてを見ることができ、88個ある星座のうち84個を見つけることができるという。「はいむるぶし」、南十字星もそのひとつで、正式には南十字座という。小浜島からは、ちょうど黒島の上に見えるので見つけやすい。満天の空の下、潮騒を聴きながら南十字星に出会う。そんなかけがえのない時間を、ぜひ体験してほしい。

Kohama Island

島中央の大岳からの眺め

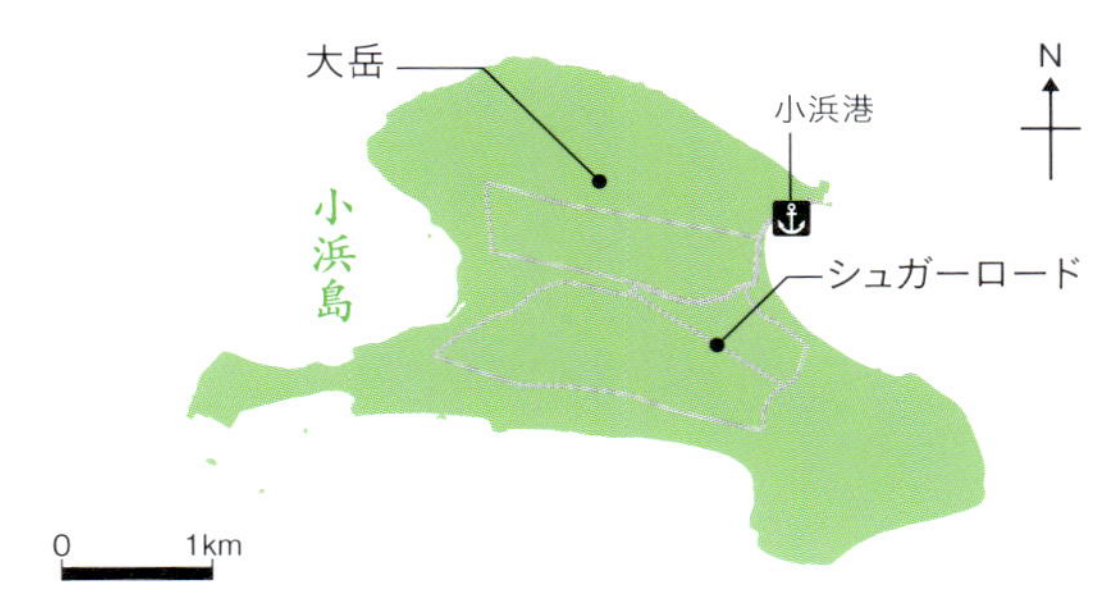

trip memo

access　石垣島の離島ターミナルから 高速船で25〜30分、フェリーで60分

stay　ホテル・ペンション・民宿・ゲストハウス。石垣島から日帰りも可

season　周年。南十字星は12月中旬〜6月初旬

island data

address　沖縄県 八重山郡 竹富町

area　約8㎢

population　約630人

地上の明かりは黒島。その上に南十字星が見える

Kohama Island

Hama Island

潮が満ちると消えてしまう幻の島

「サンドアイランド」とよばれる浜島は、まっ白い砂でできた無人島。小浜島と竹富島のちょうどまん中あたりにある。干潮時だけ姿をあらわし、潮が満ちると島のほとんどが海に沈んでしまうので、「幻の島」とよばれている。

空から見ると、三日月のような形をしている。毎日海に沈むので、昨日の足跡を消してしまう。だから、あらわれたばかりの島に上陸すると、誰の足跡もない島を歩くこともできる。まわりには遠浅の海が広がり、ゆっくりと波打ち際を歩くと、まるで海の上を歩いているような気分になる。

砂の島なので裸足でも足にやさしい

trip memo

access　ツアーの船で石垣島から約30分、小浜島から約10分
stay　なし
season　周年

island data

address　沖縄県 八重山郡 竹富町
area　データなし
population　0人

Kayama Island

ウサギやアジサシに会える無人島

魔女の洞窟から

周囲2・5キロメートルほどの小さな無人島だが、野ウサギが500羽もいるので、「ラビットアイランド」ともよばれている。のんびり散歩していると、自由に駆けまわる野ウサギに出会える。

周りのサンゴ礁はとてもきれいなので、シュノーケリングも楽しい。浜辺には、「魔女の洞窟」とよばれる洞窟がある。魔女とはウミヘビのことではないかと、僕は思っている。ウミヘビはときどき上陸することがあるからだ。洞窟から望む海と空も印象的。アジサシが群れ飛ぶ姿に出会えることもある。

trip memo

access　ツアーの船で小浜島から約10分、石垣島から約80分
stay　なし
season　周年

island data

address　沖縄県 八重山郡 竹富町
area　約0.4㎢
population　約2人

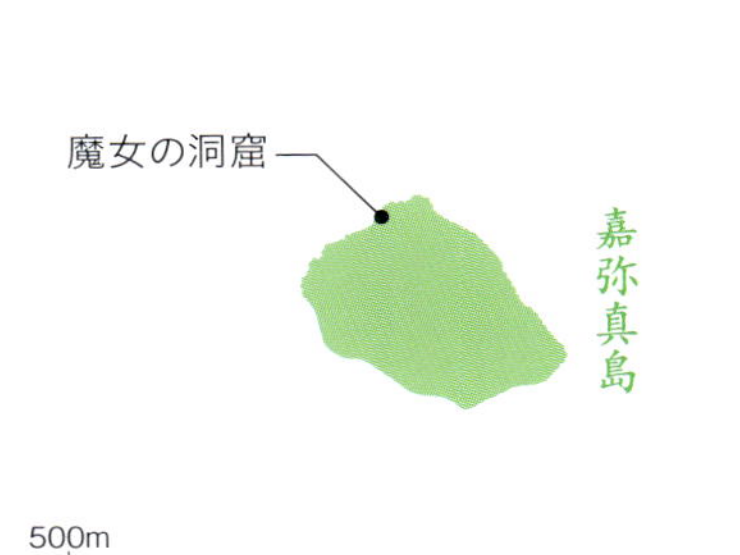

のびやかで素朴な牛の島

人口200人ほどの島に、3000頭近い牛がいる。広々とした草原で牛たちがゆっくりと草をはんでいる「牛の島」だ。

そんなのんびりとした島には信号も交番もない。島の人々はとてもおだやかであたたかい。日常の緊張感をそっとほどいてくれる島だ。

島の周りはサンゴ礁がリーフとなって取り囲んでいる。海岸とリーフの間には天然のプールのようにおだやかな海が広がる。島人はそれを「イノー」とよぶ。そこは、波もおだやかで浅く、カラフルな魚が群れ泳いでいる。シュノーケリング初心者や子どもたちでも楽しめる海だ。

おだやかな島が盛り上がるのが祭り。2月の「牛まつり」と旧暦7月の「豊年祭」だ。

Kuro Island

パーレークイは村対抗の競漕

リーフの内側は天然のプール

牛が木陰に集まっている

豊年祭は、収穫を感謝し、来年の豊作を祈願する祭り。海のかなたにあると信じられている理想郷、ニライカナイの神に感謝して奉納されるパーレークイ（ハーリー）は、爬竜船の競漕。海辺に、熱い感謝と祈りの時間が流れる。

trip memo

access　石垣島の離島ターミナルから高速船で25分
フェリーで60分

stay　民宿・ゲストハウス。石垣島から日帰りも可

season　周年

island data

address　沖縄県 八重山郡 竹富町

area　約10㎢

population　約210人

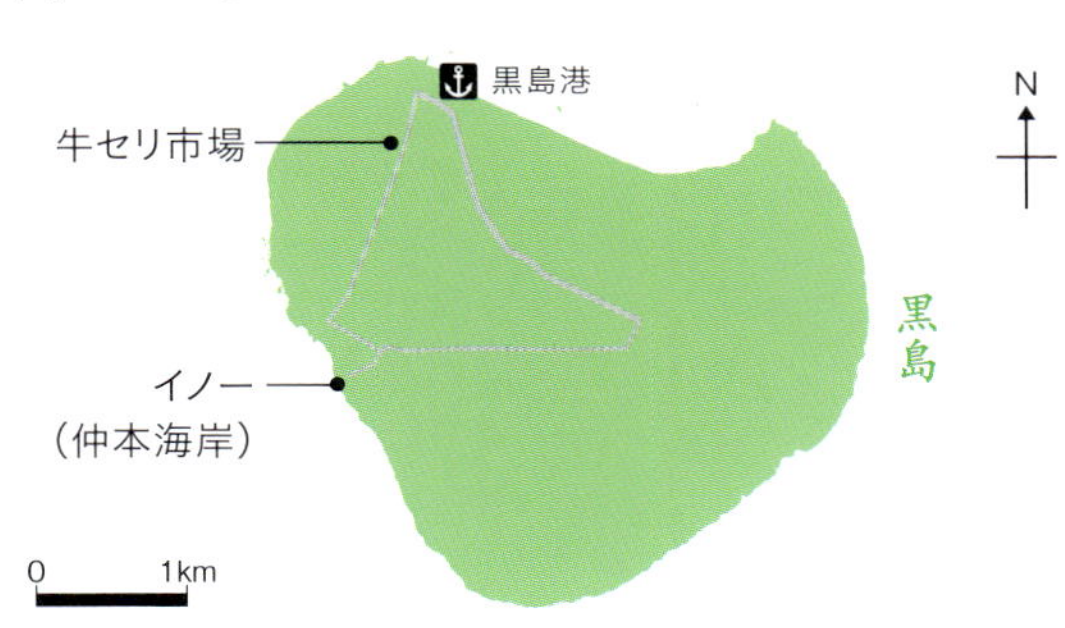

新城島（あらぐすくじま）

手つかずの秘島

隣り合う上地島（かみじしま）と下地島（しもじしま）を合わせて、新城島という。別名「パナリ」。定期船はない。住民もごくわずか。下地島はたった2人だ。

ガジュマルが生い茂り、八重山のありのままの自然がそこにある。

人口は少ないが、たくさんの家が建っている。いずれもちゃんと手入れされている。年に一度の祭り、「豊年祭」には島に戻って祭りを執り行うのだ。ただし、その祭りは秘祭。島人以外は立ち入りも撮影も禁止。内容を語ることも禁止されている。観光のための祭りではないのだ。

また、上地島にはたくさんの御嶽があり、立ち入ることができない場所も多い。古き八重山の伝統を守っている島なのだ。

ARAGUSUKU ISLAND

上地島（右）と下地島（左）は昔はひとつだったといわれる

濃い緑を抜けて海に向かう（下地島）

ガジュマルの巨樹がそびえる（上地島）

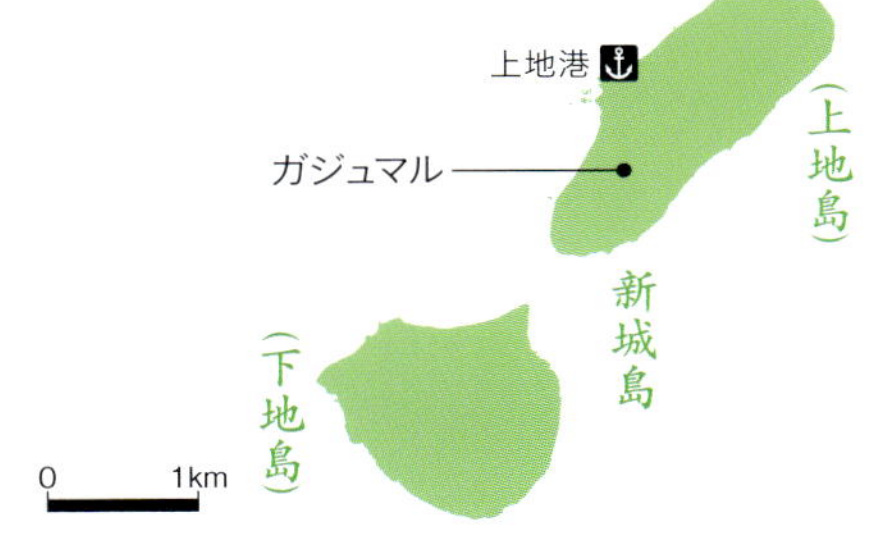

trip memo

access　ツアーの船で石垣島から約30分、西表島から約15分
stay　なし
season　周年

island data

address　沖縄県 八重山郡 竹富町
area　（上地）約2㎢　（下地）約2㎢
population　（上地）約12人　（下地）約2人

豊かな森と海の島

八重山列島には、豊かな森をもつ島がいくつかあるが、もっとも深い森をかかえているのが西表島だ。亜熱帯の自然が広がる島は「東洋のガラパゴス」とよばれ、イリオモテヤマネコなど、貴重な動植物がたくさん生きている。

もとは、ダイビングのメッカとしてダイバーがおとずれる島だった。海の生きものもとても豊かだ。クマノミやベニハゼなどのカラフルな魚、バラクーダやイソマグロなど大物の回遊魚の群れに会えることも。

今は、深い森も人気だ。森には、ガジュマルなどの熱帯の木が茂り、アカショウビンやカンムリワシ、ヤエヤマオオコウモリなどにも会える。

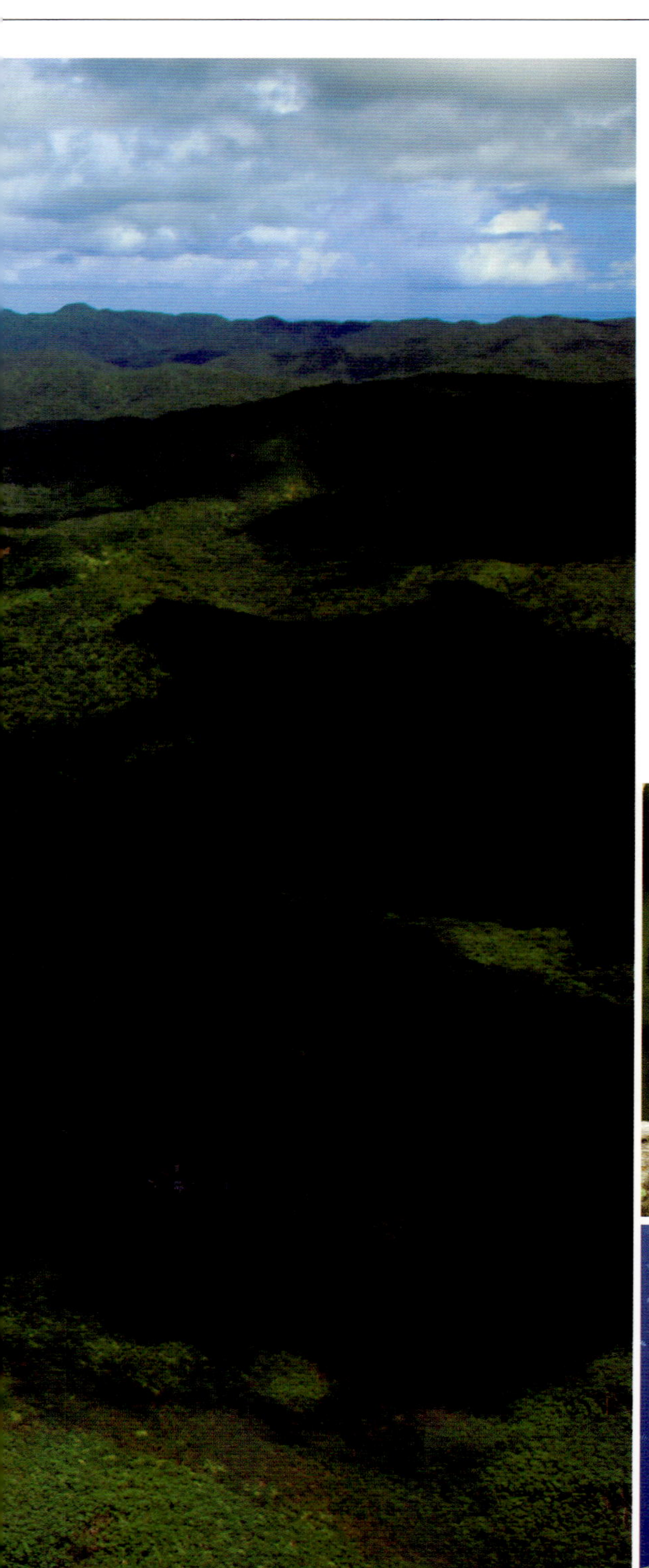

アカショウビンの鮮烈な赤

水中もカラフルだ

豊かな森が広がる

香り高い幻想的な花サガリバナ

まだ夜が明けきらない午前4時すぎ。河口からカヌーで上流を目指す。花の咲く場所はいくつかあるので、河口からは40分から1時間半ほど。流れに逆らって漕いでいくと、しだいに甘い香りがただよってくる。西表島を代表する花、サガリバナだ。

サガリバナは、夏の夜に開花する。そして夜明けとともに散ってしまう、はかない花。甘い香りと、やわらかく繊細な姿は幻想的だ。

さらにカヌーを静かに漕いでいくと、香りはだんだん強くなってくる。そして、川面に落花が流れてくる。岸辺に咲く花が、夜明けの光のなかで姿をあらわす。

ピンクから白まで、さまざまな彩りをもつサガリバナ。耳

夜咲き夜明けには散るので「幻の花」ともよばれる

あたりに甘い香りがただよう

夜の闇に咲く花も美しい

花を澄ますと、ぽたぽたと、花が川面に落ちる音が聞こえる。しばし、その彩りと香り、かすかな音に包まれる。

森の奥の滝、幻の浜、夕景の彩り

船浮にある美しいビーチ、イダの浜。僕はこの浜が大好きだ。ただ、島内の浜なのになかなか行きにくい。白浜港から船浮まで船で渡り、さらに山を越える。そのおかげで、人がいなくて静か。人工物は何もなく、ビーチも水もとびきりきれい。ぜひ、おすすめしたい。

月が浜は夕景が美しい。潮騒の音に包まれ、刻々と変化する空と海の色を眺めながらゆっくりと島時間を味わってほしい。

川をさかのぼるジャングルクルーズや、森の奥の滝を目指すツアーなど、この島でしか体験できないスペシャルなツアーがあるので、海だけでなく森も堪能してほしい。

Iriomote Island

イダの浜。その行きにくさから「幻の浜」ともよばれる

ピナイサーラの滝

西表島の小島、外パナリ（左）と内パナリ（右）

月が浜。岩や森のシルエットが夕景に変化を添える

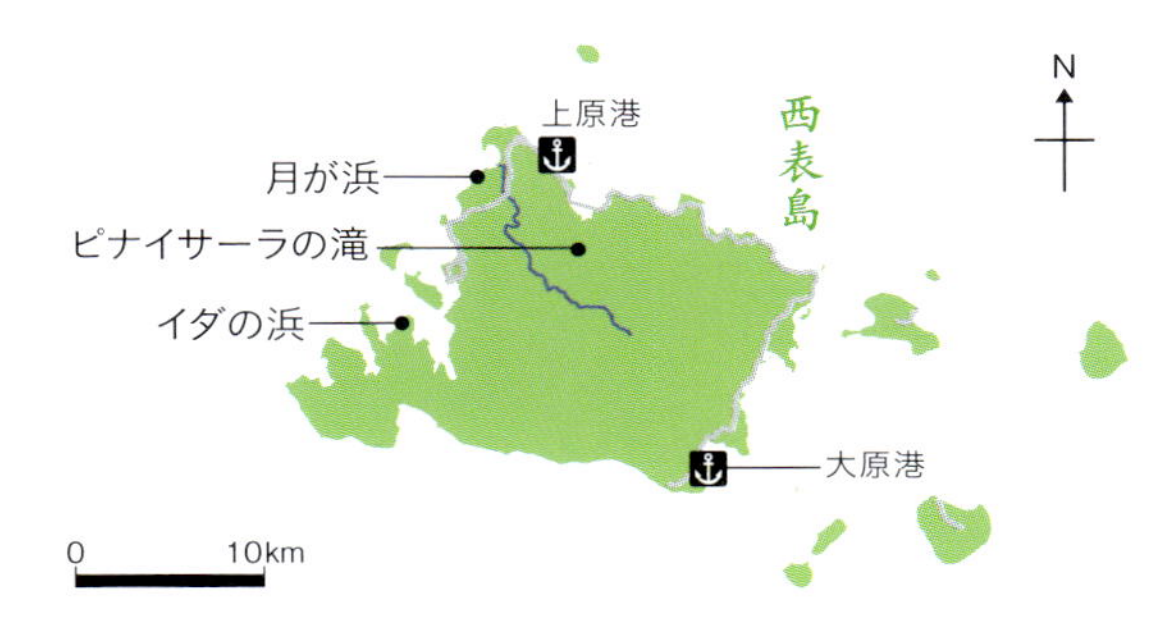

trip memo

access　石垣島の離島ターミナルから
高速船で35〜40分、フェリーで80〜100分

stay　ホテル・ペンション・民宿・ゲストハウス。石垣島から日帰りも可
サガリバナツアーは早朝出発なので要前泊

season　サガリバナは6〜7月

island data

address　沖縄県 八重山郡 竹富町

area　約289㎢

population　約2320人

YUBU ISLAND

ゆったり流れる15分間

由布島は、西表島の東500メートルにある小島。西表からは浅瀬を水牛車で渡る。満潮時でも水深は1メートル。15分ほどだ。ゆっくりとした水牛の歩み、静かな海面、広がる空、そしておじぃの三線と唄。海を渡る風が心地よく、のびやかな気分になる。

島にはヤシやブーゲンビリア、ハイビスカスなど亜熱帯の植物が生い茂り、島全体が「亜熱帯植物楽園」となっている。かつては人口100人を超えたこの島を、1969年に台風が直撃。大きな被害を受け、島人は島を離れることに。島に残った西表おじぃ夫婦が、ヤシを植えたのが植物楽園の始まりとのこと。故郷を愛する情熱が感じられる島だ。

牛にはみな名前がつけられている

trip memo

access　西表島から水牛車で約15分
stay　なし
season　周年

island data

address　沖縄県 八重山郡 竹富町
area　約0.2㎢
population　約15人

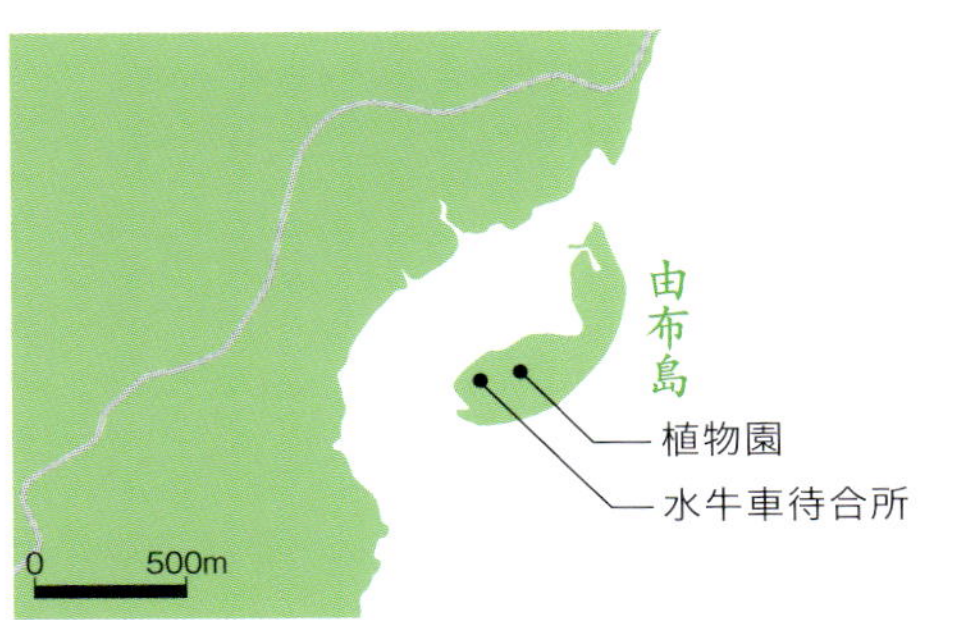

「瑠璃の島」で島唄を聴く

「米を満載し　粟も満載し　なんと嬉しいことよ　見事なことよ」と唄う島唄「鳩間節」がある。琉球王国時代、水田のない鳩間島の島人は、西表島へ渡って稲をつくった。収穫した稲を積んで島に帰る喜びを唄う。

西表島の北約7キロメートルに浮かぶ小さな島。周囲はわずか4キロメートル足らず。現在は60人ほどが暮らす。かつて、廃校の危機にあった島の小学校を救うため、島人が里親になり島の外から子どもを預かって学校を存続させた。そのことを題材にしたドラマ「瑠璃の島」のロケ地にもなり、観光客が増えたという。ビーチは港のすぐ横にあるにもかかわらず、すばらしく美しく、たくさんの魚に会える。そんな島はなかなかない。

Hatoma Island

島の周りにはサンゴ礁が広がる

海へと続く道。静かなときが流れる

イソギンチャクにすむクマノミに出会った

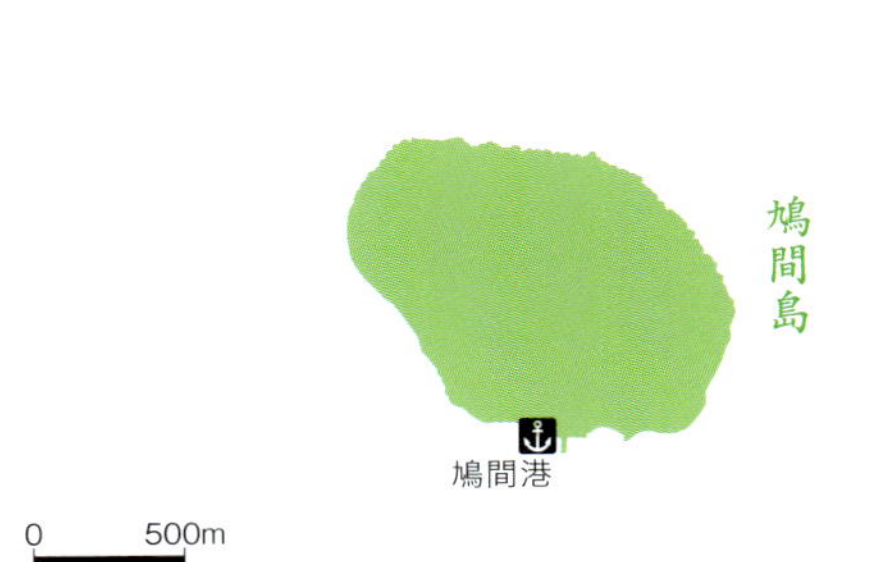

trip memo

access　石垣島の離島ターミナルから
高速船で40～55分、フェリーで100分
西表島の上原港から高速船で10～15分

stay　民宿・ゲストハウス。石垣島、西表島から日帰りも可

season　周年

island data

address　沖縄県 八重山郡 竹富町

area　約1㎢

population　約60人

バラス島

バラス島。遠くに鳩間島が見える

海中から夢中でシャッターを切った

まっ白な無人島でアジサシに会う

西表島と鳩間島の間にある、サンゴのかけらでできた無人島。海はかぎりなく澄みシュノーケリングでたくさんの魚に会える。大きな魚やウミガメが目の前を横切ることも。ここは、アジサシの休憩地でもある。人のいない時間帯を狙って、カメラを持って海中に入り、鳥を警戒させないように近づいた。カメラを構えて飛び立つのをじっと待つ。まっ青な海と空、まっ白い島と雲。いっせいに飛び立つ白い鳥が、アクセントを添える。

バラス島

N

0 500m

trip memo

access　西表島からツアーの船で約10分
stay　なし
season　周年

island data

address　データなし
area　データなし
population　0人

地図にもない島

西表島と新城島の間にも、サンゴのかけらでできた小さなまっ白い無人島がある。「コバラス島」とよんでいるが、地図にもないし、ほとんど知られていない。

上の写真は、新城島でのシュノーケリングの撮影の帰りに、お願いしていた船の船長が、「今日は大潮で、今はかなり潮位が低い時間だから、もしかしたら出ているかもしれない」と言って連れて行ってくれた。地元の人しか知らない島だ。

浜島やバラス島と同じように、潮によって日々その形を変える。この小さな島に上陸すると、海の大きさ、人の小ささを思い知らされる。

Kobarasu Island

に西表島が見える

N

0 500m

コバラス島

trip memo

access 西表島と新城島が近い

stay なし

season 周年

island data

address データなし

area データなし

population 0人

日本最西端の絶景で馬に出会う

別名「渡難島」。「渡るのが困難な島」という意味だという。石垣島から124キロメートル、台湾からは111キロメートル。日本最西端の島だ。

この島には、在来種であるヨナグニウマがいる。東崎で、青い海、青い空をバックに、草原で馬が草をはむ姿は絶景だと思う。むしょうに大きな声で叫びたくなる。

観光に利用され、乗馬で草原をトレッキングしたり、海に入ったりすることもできる。

島の南海岸に海からそそり立つ立神岩は「神の岩」とよばれ、島人の祈りの対象だ。昔、島に乱暴者とおとなしい男、仲のよいふたりの若者がいた。ある日、ふたりで鳥の卵を取ろうとこの岩に登ったが、乱暴者は落ちてしまう。おとな

Yonaguni Island

青い海と白い波、そして立神岩

海底遺跡のようなスポットでダイビング

雄大な景色に地球を感じる。東崎にて

trip memo

access　飛行機で石垣島から35分、那覇から100分
　　　　石垣島の離島ターミナルからフェリーで4時間

stay　ホテル・ペンション・民宿・ゲストハウス。日帰り不可

season　周年

island data

address　沖縄県 八重山郡 与那国町

area　約29㎢

population　約1490人

しいほうの若者は怖くて降りられなくなり、神に祈りながら眠ってしまう。目覚めると無事に地上に降りていた。そんな伝説のある岩だ。

岩の近くの海底には海底遺跡ではないかといわれる場所がある。ダイビングやグラスボートで見ることができる。

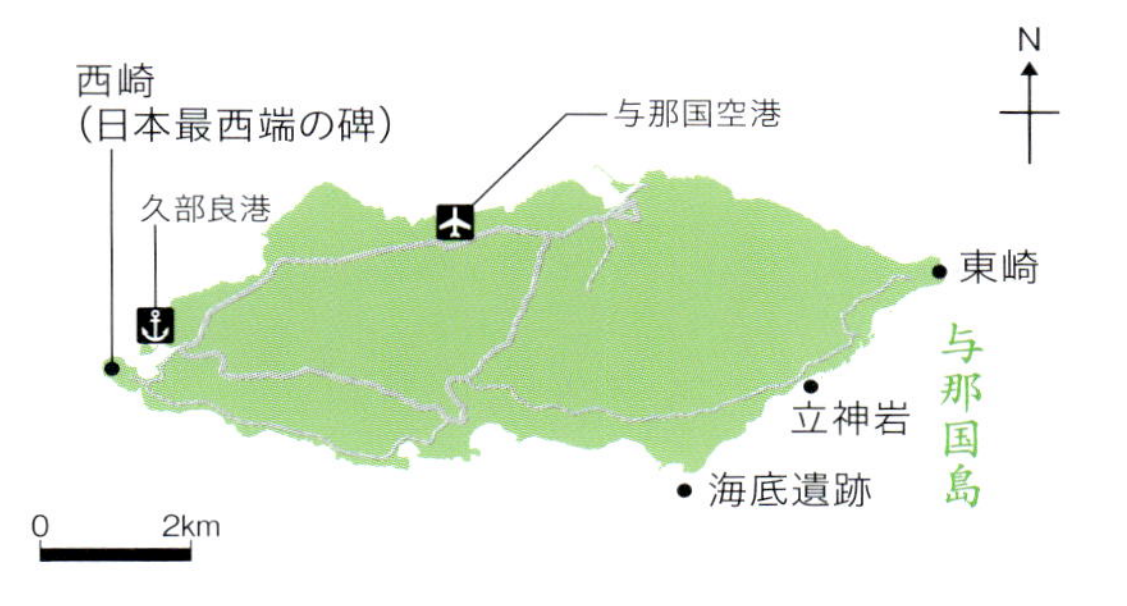

最南端の島の彩り

海の美しさは、抜群。「ハテルマブルー」とよばれる蛍光色のような独特の青は、ほかでは見られない忘れられないブルーだ。海の透明度は、水面から見える深さ（メートル）で測り、20といえばかなり高いが、この島の海は、なんと40のときもある。潜ると、色とりどりの魚が泳ぎ、ウミガメなどに会えることも。

有名なニシ浜からは、ハテルマブルーの先に、仲の神島という上陸できない島が見える。有人島としては日本最南端。夜空も美しく、12～6月には南十字星も見ることができる。旧暦7月15日にはムシャーマが執り行われる。神に感謝し、祖先を供養し、自然に手を合わせる祭りだ。国の無形文化財にも指定されている。豊穣の神ミルク様を中心に、旗持

ニシ浜から見える仲の神島

ムシャーマのときは島中が熱気に包まれる

目の前をたくさんの魚が泳ぐ

ちやミルク様の子、三線や笛、棒術や太鼓、念仏踊りなどが続き、さまざまな伝統芸能が奉納される。

強制移住やマラリア、津波などさまざまな歴史をこえて、島を想い愛する島人がいる。ふだん島を離れている人も、この祭りの際には島に戻る。沖縄の島の人々は、みな祈りや祭りを大切に守っている。そんな沖縄の原風景が、ここにもある。

trip memo

access　石垣島の離島ターミナルから高速船で60分、フェリーで120分

stay　ペンション・民宿・ゲストハウス。石垣島から日帰りも可

season　周年

island data　address/area/population

波照間島　沖縄県 八重山郡 竹富町／約13㎢／約540人
仲の神島　データなし／データなし／0人

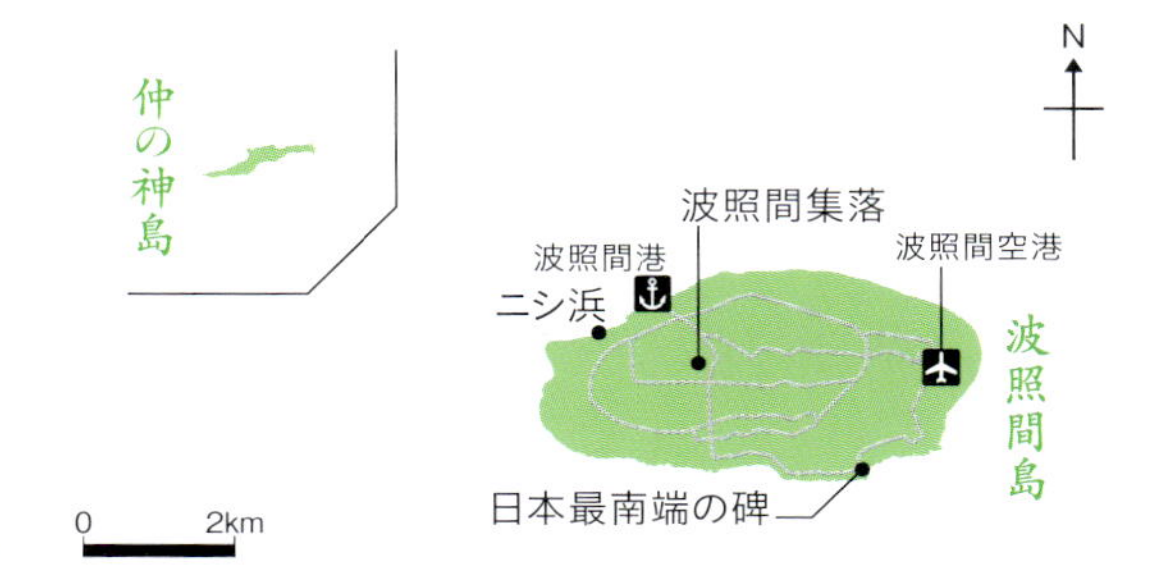

沖縄 島の恵み

生きもの

豊かな海には、大型のマンタやクジラ、色とりどりの熱帯魚が泳ぎ、浜辺には小さな生きものがいる。ウミガメが上陸して産卵する島もある。森にはカンムリワシなどの鳥や、美しいオオゴマダラなどの昆虫もすむ。また、ウマやウシ、ヤギなどの動物たちも、広々とした大地でゆっくりと生を謳歌している。

リュウキュウアオバズク、その名のとおり青葉のころに飛来する｜小浜島

初夏を告げるイワサキクサゼミ。日本最小のセミだ｜石垣島

ダイビングで出会った大きなアザハタ｜阿嘉島沖

浜辺に、まっ赤なベニシオマネキが姿を見せた｜大神島

シュノーケリングでクマノミに出会った｜石垣島

ヤギに出会った｜来間島

カンムリワシは特別天然記念物に指定されている｜石垣島

シロチョウ科で日本最大のオオゴマダラ｜由布島

ヨナグニウマの親子｜与那国島

牧場内の海岸に牛の群れがいた｜石垣島

アリアケカズラ（黄色）とブーケンビリア（ピンク）。家の生け垣に植えられることも多い｜小浜島

10～12月に開花するトックリキワタ｜宮古島

風鈴のように風に揺れるフウリンブッソウゲ｜石垣島

沖縄 島の恵み

花

たっぷりと太陽の光を受けて咲く花々。沖縄の花は、本土では見られない色鮮やかなものが多い。『島唄』で「でいごの花が咲き　風を呼び　嵐が来た」と歌われ、県花でもあるデイゴや、青い空に映えるハイビスカスやブーゲンビリア、香り高いゲットウやプリメリアなど、魅力的な花が咲き乱れる。

オオゴチョウ。チョウが舞うような姿が名の由来といわれる｜石垣島

6〜10月ごろ、巨樹に咲くホウオウボク｜本島

デイゴは3〜5月に花を咲かせる｜小浜島

島人は「あかばなー」とよぶハイビスカス｜竹富島

沖縄では邪気を払うとされているゲットウ｜南大東島

プリメリアも強く甘い香りをただよわせる｜小浜島

航路と所要時間

本島と周りの島々、慶良間諸島へ行くとき

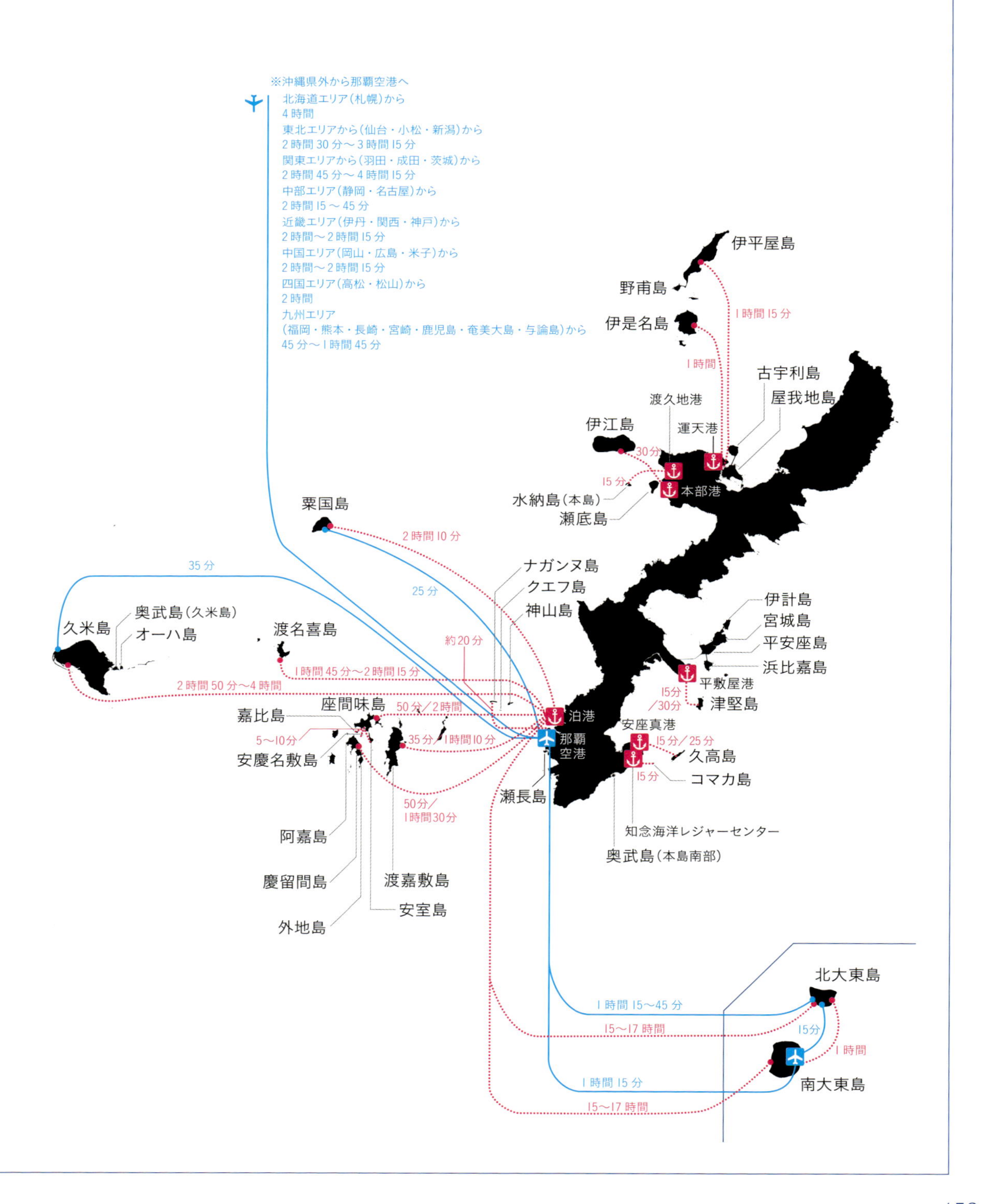

Route & Time required

宮古諸島へ行くとき

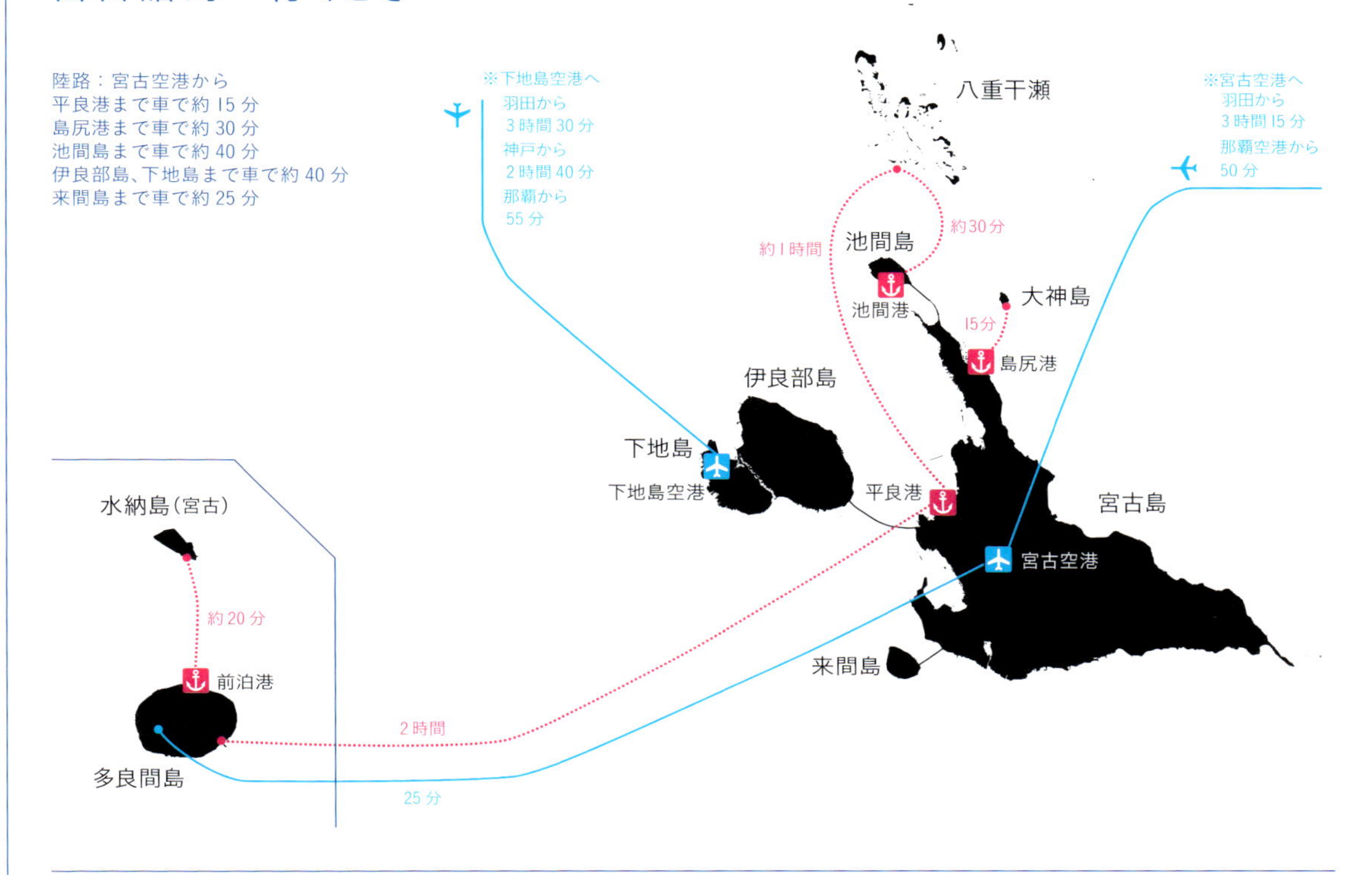

八重山諸島へ行くとき

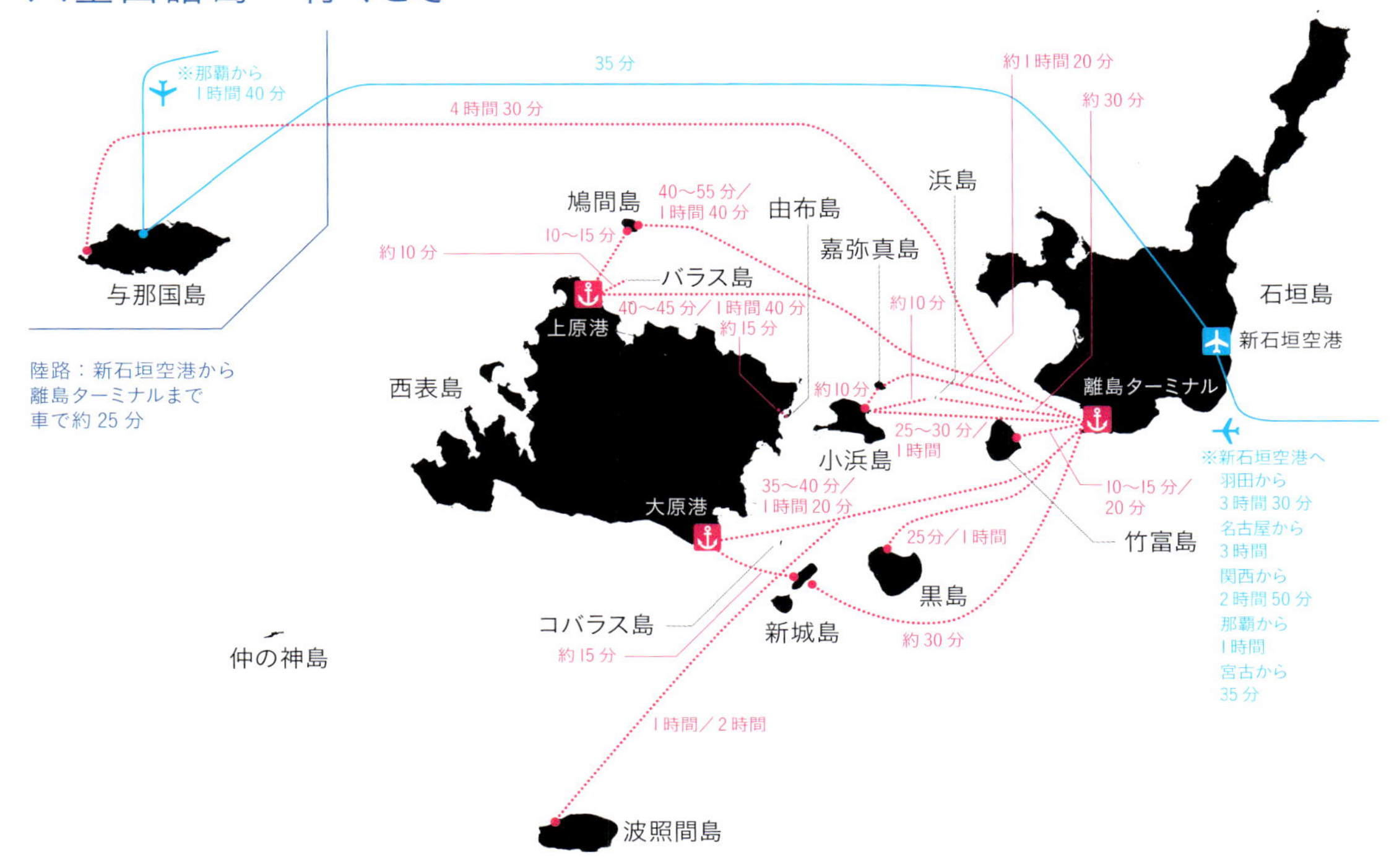

航路と所要時間は、2016年6月現在に公開されている情報によります。海路は、フェリー、高速船、その他ツアーなどによる船便を含みます。季節や運行状況などによって変わる場合があるので、詳しくは各運航会社や各島のホームページなどでご確認ください。

イベントカレンダー

	summer			autumn		
	6月	7月	8月	9月	10月	11月
	ハーリー (旧暦5月4日) 各島	**豊年祭**(ほうねんさい) (旧暦6月)各島 **真志喜大つなひき** (7月中旬)本島 **糸満ふるさと祭り** (7月中旬)本島 **浦添てだこまつり** (7月下旬)本島 **いへやまつり** (7月下旬)伊平屋島 **となきまつり** (7月下旬)渡名喜島 **鯨海峡とかしきまつり** (7月下旬) 渡嘉敷島	**エイサーまつり** (旧暦盆)各島 **全島ハーリー大会** (8月上旬)本島 **海神祭**(ウンジャミ)(旧暦7月盆前後の亥の日) 各島 **与那原綱曳まつり** (8月中旬)本島 **久米島まつり** (8月中旬)久米島 **全島エイサー祭り** (8月下旬〜9月上旬)本島	**豊年祭** (旧暦8月)各島 **首里城「中秋の宴」** (旧暦8月15日)本島 **島まつり** (9月中旬)座間味島 **海神祭「海御願」**(うみうがん) (9月中旬)慶留間島 **糸満大綱引** (9月下旬)本島 **真栄里大綱引** (9月下旬)本島 **大東宮祭** (9月下旬) 北大東島・南大東島	**那覇大つなひき** (10月上旬)本島 **獅子舞フェスティバル** (旧暦9月15日前後) 本島 **全島旗頭フェスティバル** (10月下旬)本島 **首里城祭** (10月下旬)本島	**壺屋陶器まつり** (11月中旬)本島
	ハーリー (旧暦5月4日) 各島 **スツウプナカ** (旧暦5月) 多良間島	**豊年祭** (旧暦6月)各島 **サニツ浜カーニバル** (7月中旬)宮古島 **夏まつり** (7月下旬〜8月上旬)宮古島		**豊年祭** (旧暦8月)各島 **豊年祭八月踊り** (旧暦8月8〜10日) 多良間島 **野原マストリャー** (旧暦8月15日) 宮古島 **佐良浜**(さらはま)**ミャークヅツ** (旧暦8月、9月の甲午)宮古島	**なりやまあやぐまつり** (10月中旬)宮古島 **島尻パーントゥ** (旧暦9月)宮古島	**クイチャーフェスティバル** (11月上旬)宮古島
	ハーリー (旧暦5月4日) 各島	**豊年祭** (旧暦6月)各島 **カジキ釣り大会** (7月上旬)与那国島 **豊年祭「四ヶ字」**(シカーザ) (旧暦6月)石垣島 **南の島の星まつり** (7月下旬〜8月上旬)石垣島	**ムシャーマ** (旧暦7月14日) 波照間島 **ソーロンアンガマ** (旧暦7月16日)各島 **盆**(ソーラ)(旧暦7月13〜16日) 小浜島	**とぅばらーま大会** (旧暦8月13日) 石垣島 **結願祭**(シチイ) (旧暦8月、9月の己亥から4日間) 小浜島	**節祭**(シチ) (旧暦10月前後の己亥)西表島 **種子取**(タナンドゥル) (旧暦9月、10月) 小浜島	**種子取**(タンドリ) (旧暦9月庚寅、辛卯) 竹富島
		サガリバナ(6〜7月)西表島ほか				

Event Calendar

	winter			spring		
	12月	1月	2月	3月	4月	5月
本島と周りの島々、慶良間諸島	**いとまんピースフルイルミネーション** (12月中旬～1月上旬)本島 **摩文仁(まぶに)・火と鐘のまつり** (12月31日～1月1日)本島	**桜まつり** (1月下旬～2月上旬)本島	**マースヤー** (旧暦正月) 粟国島 **十六日祭(ジュルクーニチ)** (旧暦1月16日) 各島	**海開き** (3月下旬～4月上旬)各島	**ゆり祭り** (4月下旬～5月上旬) 伊江島 **浜降り「サニツ」** (旧暦3月3日)各島 **清明(シーミー)** (旧暦3月)各島	**那覇ハーリー** (5月3～5日) 本島
宮古諸島			**十六日祭** (旧暦1月16日)各島	**海開き** (3月下旬～4月上旬)各島	**浜降り「サニツ」** (旧暦3月3日)各島 **清明** (旧暦3月)各島	
八重山諸島			**牛まつり** (2月下旬)黒島 **十六日祭** (旧暦1月16日) 各島	**海開き** (3月下旬～4月上旬)各島	**浜降り「サニツ」** (旧暦3月3日)各島 **清明** (旧暦3月)各島	**音楽祭** (5月上旬) 鳩間島
ベストシーズン	**南十字星**(12月中旬～6月上旬)宮古諸島、八重山諸島	**ホエールウォッチング**(1～3月)座間味島 **カンヒザクラ**(1月下旬～2月下旬)本島		**ヤエヤマヒメボタル**(3～6月)石垣島	**クメジマホタル**(4月上旬～5月上旬)久米島 **マンタ**(4～10月)石垣島	

旧暦の日程は、新暦において翌月にあたる月に紹介しています。

イベントの日程は、各島により毎年変わる場合があるので、詳しくは各島のホームページなどでご確認ください。

あとがき

離島に魅せられて

30年前、東京から八重山諸島をおとずれた。小浜島にあるリゾートホテルの、マリンスポーツのインストラクターをするためだ。那覇も石垣も経由したが、街を見ることはなく、すぐに小浜島行きの船に乗った。

小浜島は約500名が暮らす小さな島で、当時は舗装されていないあぜ道が多く、テレビもNHKしか映らないような島だった。東京の大都会で生まれ育った僕にはまったくの別世界で、カルチャーショックを受けた。

その小さな島で暮らしている人々は、限られた資源で、情報も少ない環境で、自然とともに生きていた。サトウキビづくりや漁業で生活し、旧暦をベースに行事を行い、潮の満ち干や風の向き、空の動きを見て、時計などなくても日々を豊かに過ごしていた。これが本来の人間らしい生活だと、若干19歳ながら最初の1か月ほどで感じ、自分は都会ではなくここだと移住を決意した。

集落の人たちは、多くが親戚どうしだ。東京から来た僕は、家族と一緒に島の小さなコミュニティーに入れてもらった（自分では入れてもらったと思うが、島の人からするとただの旅人だと思われていただろう）。そのなかで関わり、学んだことが、今の自分のすべての基本になっていると思う。そして、ほかの島に対して興味をもつきっかけにもなった。

沖縄のたくさんの島は、みんな個性的だ。島の形はもちろん、海の色が、リーフの形が、ビーチが、海の中が、砂の質や色が、集落の雰囲気が、家やシーサーが、同じ沖縄なのに方言も、それぞれ違う。こんなに幅広い県は、ほかにないと思う。祭りも違う。豊年祭などは、各島で同じ日に行われることが多いので、沖縄の人でもほかの島の祭りを見たことがない人は多い。

また、島は季節によっても雰囲気がまったく違う。だから同じ島に何度行っても、いつも新しい発見がある。絶景のタイミングはいろいろあり、満潮干潮、晴れ曇り、朝焼け夕焼け、満月新月など、どのタイミングがよいかは、何度も通わなければ、あるいは暮らさなければわからないと思う。僕はもともとマリンスポーツが好きで移住したので、風が吹いたらウィンドサーフィンやカイトサーフィンを、波があればサーフィンを、海がよければシュノーケリングやダイビングなどをして海に関わり、撮影もしてきた。その結果、海や空、潮位や風向き、空の様子や太陽の位置を見て、今どこに行けばどんな風景が待っているのか、ある程度予測できるようになった。そして、その日その時のベストと思われる場所に向かって、狙いどおりの景色が広がっていたとき、また、それ以上の景色に感動したときが、自分にとっての最高の「絶景」となる。

海外の風景と似ていると感じることも多い。たとえば、モルディブやタヒチのような海、オーストラリアのようなサンゴ礁、ハワイのような波や虹など、海外に行かなくても、とても魅力的な場所がたくさんある。今回の本では、そんな世界に誇れる沖縄の魅力を伝えたかった。

これからも、より広く深く島々を見てまわりたい。まだまだ知らない場所があるはずで、もっともっとすばらしい風景があるのだと思う。島をまわることをライフワークとして、それを記録し、伝え続けていきたい。

2016年6月吉日

北島清隆

ルカン礁

沖縄の有人島はすべてまわり、それ以外の無人島などもいける術があるところにはほとんど行っているが、今一番行ってみたいのは、この写真のルカン礁だ。ここはまん丸のサンゴ礁のリーフに灯台だけがある。島といっていいかもわからない場所で、飛行機から見ることができるのだが、どうやって行ったらよいか、どう撮ろうかなどイメージやプランを考えることがまた楽しい。いつかこの灯台に上陸してみたい。

索引

INDEX

著者紹介

北島清隆（きたじま きよたか）　Instagram:@kiyotaka_kitajima

1966年生まれ。東京都出身。写真家。1986年にマリンスポーツのインストラクターとして八重山諸島の小浜島を訪れ、その美しい自然に魅せられ東京から移住。小浜島で17年間暮らし、現在は石垣島在住。沖縄の島々を中心に南の島々、海と島と空の彩りをテーマに風景や水中、リゾートイメージなどの写真や映像を撮影している。2016年6月、沖縄のすべての有人島と数多くの無人島への上陸・撮影を果たす。作品は広告やポスター、雑誌やWeb、写真展などで発表している。日本広告写真家協会正会員。

主な作品に、フォトブック：「Ishigaki Is.」（林檎プロモーション）、「Blue winds」「Smile」（以上 経済界）、ポストカードブック：「やすらぎの沖縄」「やすらぎの沖縄Ⅱ」「やすらぎの沖縄Ⅲ」「OKINAWAN FLOWERS」（以上ボーダーインク）、DVD：「Relax island OKINAWA」「Nature Therapy Aqua」「世界自然遺産 屋久島」「波〜慶良間・久米島」「Heavenly Island New Caledonia 」（以上Della）などがある。

取材・文
野見山ふみこ

装幀・デザイン
坂 哲二＋佐藤ちあき（BANG! Design, inc.）

秘密の沖縄スポットガイド

本島・離島含め全60島を網羅！

2016年7月11日　初版第1刷発行
2023年2月6日　第4刷発行

著者　北島清隆

発行者　澤井聖一

発行所　株式会社エクスナレッジ
〒106-0032　東京都港区六本木 7-2-26
https://www.xknowledge.co.jp/

問合先　編集　tel：03-3403-1381　fax：03-3403-1345
info@xknowledge.co.jp
販売　tel：03-3403-1321　fax：03-3403-1829